Ricardo Mansu

Vazamento de dados e os 40 golpes digitais

1ª Edição
São Paulo
Edição do Autor
2021

V azamento de dados e os 40 golpes digitais
Edição Kindle por Ricardo Mansur
2021 – 1ª Edição

Conselho Editorial: Ricardo Mansur
Diretor Editorial: Ricardo Mansur
Supervisor Editorial: Ricardo Mansur
Produção Editorial: Ricardo Mansur
Finalização da Capa: Ricardo Mansur
Revisão: Ricardo Mansur

Mansur, Ricardo
Vazamento de dados e os 40 golpes digitais
Ricardo Mansur. – São Paulo: Edição Kindle por Ricardo Mansur,
2021.
1. Administração de projetos   I. Título

Dedicatória

Uma vez Shakespeare disse que a vida é tão curta que deveria ser feita só de momentos de prazer. Dedico esta obra aos meus pais e amigos que possibilitaram os bons momentos da minha vida.

$\mathcal{A}$gradecimentos

Agradeço aos meus pais e professores pelo empenho na educação formal e preparação para a vida, aos meus amigos que me ajudaram nesta caminhada e a Deus pela força de vontade para superar os desafios da vida.

Nota do Autor

Esta obra foi desenvolvida para ser um livro digital interativo com o leitor. O autor usou o estratagema de combinar a conceituação das ideias com os exemplos práticos de mercado citados nas centenas de artigos pesquisados.

O leitor pode navegar nas referências para entender como as ideias apresentadas são corroboradas pelo mercado. É importante alertar ao leitor neste momento que as todas URLs (Uniform Resource Locator) citadas são de propriedade de terceiros e podem ser, portanto descontinuadas sem aviso prévio.

O autor reconhece que este risco é real, mas enfatiza que o leitor não perde conceituação alguma das ideias apresentadas na obra com a descontinuação dos exemplos. O objetivo da digitalização interativa é dar ao leitor a oportunidade de variar o conteúdo conforme o seu foco de interesse no momento específico da leitura.

Não existe necessidade alguma de navegar em todos os endereços citados. As releituras do trabalho são mais interessantes por conta das variações de foco pelas várias alternativas oferecidas de interação dinâmica.

Sobre a Autor

Ricardo Mansur escreveu mais de trinta livros sobre governança e negócios digitais. Nos últimos anos ele vem desenvolvendo importantes trabalhos sobre a Transformação Digital.

Vários dos seus livros alcançaram grande repercussão nas comunidades de tecnológica e de negócios.

O autor trabalha com vigor para compartilhar as suas descobertas e conhecimentos sobre governança de TI, redes e mídias sociais, Business-Defined IT, Indústria 4.0, BlockChain e Organizações Exponenciais.

Prefácio

O chamado vazamento do fim do mundo (O vazamento de dados do fim do mundo, https://www1.folha.uol.com.br/colunas/ronaldolemos/2021/01/o-vazamento-de-dados-do-fim-do-mundo.shtml?utm_source=mail&utm_medium=social&utm_campaign=compmail&origin=folha, acessado em 04/03/2021) expôs as informações pessoais de todos os brasileiros. Foi afirmado que o Brasil se tornou um faroeste digital

Os criminosos têm agora acesso aos documentos, endereços, dados pessoais e biometria, fotos, informações patrimoniais e bancárias etc. de todos os brasileiros.

Com tais informações os golpistas poderão fazer empréstimos, comprar bens e serviços etc. usando o nome e documentos dos trabalhadores brasileiros.

O artigo "Golpistas usam pandemia para obter número do benefício do INSS" (https://agora.folha.uol.com.br/grana/2020/07/golpistas-usam-pandemia-para-obter-numero-do-beneficio-do-inss.shtml, acessado em 04/03/2021) revela que os golpistas estão fazendo compras e empréstimos em nome dos aposentados.

Com o vazamento do fim do mundo tudo ficou mais fácil para os golpistas. No entanto como os bancos de dados brasileiros não são atualizados e confiáveis, os criminosos ainda têm que fazer alguma engenharia social para confirmar as informações vazadas.

O Brasil vive um cenário de pandemia e de vazamento. O nível de incerteza cresceu muito em 2021.

A melhor forma para combater as incertezas é o conhecimento. Por isto eu escrevi este livro.

É muito importante que as pessoas conheçam como os criminosos atuam para que elas não caiam nos golpes digitais.

O leitor mais atento vai logo perceber que a engenharia social nacional executa uma ou duas estratégias de golpes.

Na prática, os golpes são apenas uma versão da estratégia.

Entender qual é a estratégia usada pelos golpistas permite que as pessoas rapidamente entendam a versão do golpe que está sendo aplicado e não caiam nele.

No universo digital a principal arma é o conhecimento. Quem detém o saber profundo está menos sujeito aos golpes digitais.

No livro eu detalho quarenta golpes digitais para que o leitor entenda como eles são realizados e possa se defender dos criminosos.

O objetivo da obra não é abordar os aspectos técnicos dos golpes, pois em geral os criminosos usam ferramentas tecnológicas rudimentares.

A meta do trabalho é explicar para o leitor como os golpes são realizados de forma simples e prática.

 ndice

Introdução

Principais Golpes digitais

Introdução

Fonte 1:

https://www1.folha.uol.com.br/mercado/2021/02/
tentativas-de-fraudes-crescem-536-em-2020-aponta-
estudo.shtml?
utm_source=mail&utm_medium=social&utm_campaign=
compmail&origin=folha, Tentativas de fraudes crescem 53,6%
em 2020, aponta estudo, acessado em 04/04/2021.

Fonte 2:

https://www1.folha.uol.com.br/tec/2021/01/vazamento-
pode-ter-exposto-na-internet-220-milhoes-de-dados-
pessoais-de-brasileiros.shtml?
utm_source=mail&utm_medium=social&utm_campaign=
compmail, Vazamento pode ter exposto na internet 220 milhões de dados pessoais de brasileiros, acessado em
04/04/2021.

Fonte 3:

https://www1.folha.uol.com.br/colunas/
ronaldolemos/2021/01/o-vazamento-de-dados-do-fim-do-
mundo.shtml?
utm_source=mail&utm_medium=social&utm_campaign=
compmail&origin=folha, O vazamento de dados do fim do
mundo, acessado em 04/04/2021.

Fonte 4:
 https://www.securityreport.com.br/overview/brasil-segue-na-lideranca-no-numero-de-dados-expostos-de-cartoes/, Brasil segue na liderança no número de dados expostos de cartões, acessado em 04/04/2021.

Em 2020, os golpes digitais cresceram mais de 50% em relação ao ano de 2019.

A pandemia do novo coronavírus catapultou o isolamento social, a migração para os canais digitais e os golpes digitais.

Todas as transações suspeitas que fogem do padrão das operações normalmente realizadas pelo consumidor (valores elevados, localização diferente etc.) são consideradas como potenciais golpes.

A maioria dos golpes ocorreu via transações realizadas com o cartão de crédito.

Os criminosos usam a engenharia social para roubar ou furtar as informações pessoais das vítimas.

Muitas vezes, o golpista finge ser um funcionário de uma empresa conhecida.

Neste caso, ele cria uma narrativa para conseguir os dados pessoais da sua vítima.

Após o vazamento do fim do mundo no Brasil, os ataques de engenharia social dos criminosos para confirmar os dados pessoais das vai crescer exponencialmente.

Em 2020, o volume de transações digitais cresceu muito mais do que o volume de fraudes.

O crescimento do ecommerce catapultou o volume das transações digitais.

No ano de 2020, o valor médio das fraudes foi de aproximadamente mil reais.

Este valor é o dobro do ticket médio das transações digitais legítimas.

Em 2020, o faturamento do comércio online no Brasil cresceu mais de 120% em relação ao ano de 2019.

Entre março e dezembro de 2020, o volume de golpes digitais cresceu quase 50% em relação ao ano de 2019 (3,2 milhões).

No mesmo período, o volume de transações digitais cresceu quase 90%.

Após o início da pandemia (segunda metade de março de 2020), o comércio online virou a única opção para muitas pessoas.

O volume de vendas cresceu exponencialmente e os golpistas entenderam que existia uma grande janela de oportunidade.

Os criminosos exploraram intensamente nos seus golpes a falta de conhecimento das pessoas e a inexperiência das empresas nas práticas do comercio digital.

No setor financeiro, aproximadamente 4% das transações realizadas eram golpes.

No setor de telecomunicações, aproximadamente 5% das transações realizadas eram fraudes.

As principais categorias de golpes estão relacionadas com o uso indevido de dados de terceiros, com o furto de produtos nas entregas, com as fraudes cometidas pela equipe interna, com as vendas não solicitadas e não autorizadas de produtos e serviços e com os descontos indevidos nas faturas.

A transformação digital quebrou o atual equilíbrio de forças e comportamentos da sociedade brasileira.

Por um lado, foram alcançados ganhos de produtividade com as automatizações e otimizações dos processos.

Por outro lado, as perdas de produtividade causadas pelos golpes digitais cresceram exponencialmente.

A sociedade brasileira não estava preparada para as necessidades da segurança digital e por causa disto a transformação digital gerou uma profunda onda de ataques digitais contra a população.

Apenas umas poucas empresas estavam preparadas para as questões relacionadas com a segurança digital.

Como consequência do despreparo diversos CNPJs foram atacados e tiveram perdas milionárias quer seja em negócios perdidos, quer seja no pagamento de regastes.

Foi revelado que o ransomware "Sodinokibi" gerou mais de 120 milhões de dólares em resgates (Hackers miram vacinas, setor da saúde e param hospitais na pandemia. Em alta, sequestros digitais geram lucros milionários a cibercriminosos, https://www1.folha.uol.com.br/tec/2021/02/hackers-miram-empresas-de-vacinas-e-saude-na-pandemia.shtml, acessado em 04/04/2021).

Na maioria das vezes os ataques foram baseados na engenharia social, ou seja, os funcionários das empresas estavam despreparados para agir com lógica e raramente conseguiam resistir à "lábia" dos hackers.

A falta de capital intelectual corporativo permitiu o crescimento exponencial dos golpes aplicados contra as empresas.

Em diversos casos, a elevada rotatividade da mão de obra gerou tanto a falta de comprometimento por parte dos colaboradores, como a impossibilidade de aprendizado com os ataques anteriores.

A cultura da segurança digital foi perdida pelo pouco tempo de permanência dos funcionários na empresa.

O modelo da engenharia social usada nos novos golpes digitais é uma versão do estratagema usado nos ataques anteriores.

Claramente as empresas e pessoas estão caindo no mesmo estratagema usado nos ataques realizados no começo da segunda década do século XXI.

As estratégias são apenas remodeladas para um assunto da moda.

O modus operante é exatamente igual ao que existia em 2012. É muito importante que as pessoas entendam como os golpes digitais estão sendo perpetrados para que elas não caiam na lábia dos hackers.

Neste livro serão apresentados e comentados os golpes digitais mais comuns ocorridos até o final do ano de 2020.

Principais Golpes digitais

1. Golpe que usa indevidamente o nome da filha do Marcelo Adnet

Fonte:

https://www.uol.com.br/tilt/noticias/redacao/2020/12/11/como-funciona-golpe-do-whatsapp-que-usa-filha-de-marcelo-adnet-como-isca.htm, Como funciona golpe do WhatsApp que usa filha de Marcelo Adnet como isca, acessado em 04/04/2021.

Foi revelado, em dezembro de 2020, que o Adnet afirmou que estavam se passando por ele e usando o nome da filha dele para pedirem dinheiro no WhatsApp.

Uma conta de WhatsApp falsa com o nome e foto do Adnet solicitou dinheiro para os contatos dele dizendo que o seu aplicativo de internet banking não estava funcionando.

Os golpistas têm usado diversas versões deste tipo de golpe. Eles criam perfis falsos no WhatsApp e enviam mensagens pedindo dinheiro.

Perfis falsos da Camila Camargo, Zilu Godói, Guilherme Boulos etc. foram usados pelos golpistas para pedir dinheiro para os contatos dos seus alvos.

No caso dos políticos formam enviadas mensagens pedindo dinheiro para a campanha eleitoral.

Os golpistas conseguiram os contatos das pessoas famosas comprando enormes bancos com dados pessoais com nome, endereço, telefone, local de trabalho, preferências pessoais filiações e pessoas próximas.

As data brokers, capturam os dados pessoais informados nas transações comerciais e promocionais e estão vendendo estes bancos de informações pessoais.

Com os dados pessoais, os criminosos buscam nas redes sociais por fotos das suas vítimas.

A primeira mensagem enviada pelo golpista é "troquei de celular".

Ele conversa com o contato da sua vítima durante algum tempo e pede a pessoa faça com urgência um deposito.

Para não cair na lábia dos golpistas basta ligar para a pessoa que está pedindo o dinheiro e escutar a sua voz.

É uma forma simples de autenticação da mensagem no caso de pessoas que temos contato frequente.

Como medida de segurança para não ter a sua conta do WhatsApp e redes sociais sequestrada é importante ativar a dupla autenticação, configurar as opções de privacidade para que as fotos sejam mostradas apenas para os contatos e nunca usar a mesma foto de perfil nas contas das redes sociais.

2. Golpe da pesquisa sobre Covid-19

Fonte:

https://www.uol.com.br/tilt/noticias/redacao/2020/12/03/entenda-o-golpe-que-usa-nome-do-ministerio-da-saude-para-invadir-o-whatsapp.htm, Pesquisa sobre Covid-19 vira isca para criminosos invadirem seu WhatsApp, acessado em 04/04/2021.

Foi revelado, em dezembro de 2020, que os golpistas estão ligando para as suas vítimas e falando que estão fazendo uma pesquisa para o Ministério da Saúde sobre a Covid-19.

Durante a conversa, o golpista diz que foi enviado um código via SMS e pergunta qual foi o número recebido.

O golpe do sequestro da conta do WhatsApp começa neste momento.

Milhões de pessoas foram enganadas durante a pandemia do novo coronavírus com os telefonemas e mensagens de texto falsas (SMS, WhatsApp etc.) usando o nome do Ministério da Saúde.

As vítimas relataram o sequestro da sua conta do WhatsApp e pedidos de dinheiro no seu nome.

Os golpistas usaram a pesquisa sobre a Covid-19 para atrair a atenção das suas vítimas.

A técnica que foi usada é igual a dos outros golpes anteriores.

A promessa de um brinde, a confirmação de um cadastro, uma proposta de emprego, um pedido de ajuda para os pets abandonados, o bloqueio do cartão de crédito, as informações sobre o PIS e FGTS etc. são alguns exemplos das versões usadas pelos criminosos nos golpes do sequestro conta do WhatsApp.

O chamado telemarketing do golpe já usou o nome de pessoas famosas (Gretchen, Xuxa, Preta Gil, Caio Castro, Henrique Fogaça etc.) no golpe da festa.

O objetivo principal do golpe é o sequestro da conta do WhatsApp da vítima para pedir dinheiro para os seus contatos.

O golpista usa o perfil roubado para pedir transferências bancárias se passando pelo dono da conta.

O pedido de dinheiro é justificado por uma explicação do tipo:

- O acesso ao aplicativo do banco está indisponível e preciso pagar uma conta urgente
- Preciso de um dinheiro emprestado com urgência e eu devolvo amanhã

A engenharia social é usada para enganar as pessoas.

Milhões de brasileiros já caíram na lábia dos criminosos.

No caso do ministério da saúde, o golpista incorpora o papel de pesquisador.

O primeiro contato é feiro por telefone ou por mensagens do WhatsApp.

O falso pesquisador faz algumas perguntas sobre o novo coronavírus e a Covid-19.

No final, ele diz que foi enviado um código de seis dígitos por SMS e ele pede para a vítima falar os números que foram enviados.

O código é a autenticação do WhatsApp. O golpista usa a informação dada pela vítima para sequestrar a conta do WhatsApp.

Em outubro de 2020 mais de 2 milhões de brasileiros caíram em golpes virtuais.

Quase 500 mil pessoas tiveram o seu WhatsApp sequestrado em dezembro de 2020.

São cerca de 15 mil vítimas por dia.

A falsa oferta de emprego foi o tema mais usado nos ataques digitais.

Os golpistas conseguem os números dos celulares das vítimas na internet.

Eles estão visíveis nas redes sociais e nas plataformas de comercio eletrônico.

As falhas de segurança das empresas, sites e aplicativos que guardam os dados pessoais de clientes expuseram as informações pessoais de milhões de pessoas.

As falhas dos sistemas do ministério da saúde expuseram as informações pessoais (incluindo números de telefone) de 243 milhões de brasileiros e de 16 milhões de pacientes da Covid-19.

A criação de um perfil falso é uma nova versão do golpe do sequestro da conta do WhatsApp.

Os golpistas copiam a foto do perfil da vítima e criam uma conta com esta imagem e pedem dinheiro para as outras pessoas.

Em geral, o dono do perfil que foi falsificado não fica nem sabendo que ele foi alvo de um golpe.

Para não cair na lábia dos golpistas basta não informar o código de autenticação do WhatsApp para outras pessoas.

Em geral, a solicitação de um código enviado por SMS é um golpe.

É muito importante ativar a dupla autenticação do WhatsApp.

Neste caso, o golpista não consegue sequestrar a conta do WhatsApp após a vítima falar o código de autenticação recebido.

Antes de responder qualquer pesquisa sobre a Covid-19 e outros assuntos relacionados com a saúde é importante procurar as informações sobre a pesquisa no site do ministério da saúde.

No site oficial é possível verificar a veracidade das informações dadas pelo pesquisador.

Para evitar ataques dos criminosos, as pessoas devem manter os equipamentos atualizados com as novas versões do sistema operacional e do antivírus.

Quando receber uma ligação ou mensagem com erros de português, gírias, frases informais, situações alarmistas e com informações que só a pessoa sabe ligue o desconfiômetro. Provavelmente é uma mentira.

Toda vez que receber uma notícia falando de algo que a imprensa tradicional não tem interesse em publicar esteja certo de que provavelmente é uma mentira.
A imprensa tradicional ganha dinheiro publicando notícias.

Se ela deixar de publicar uma notícia relevante para os seus clientes, ela vai perder assinantes.

Sem assinantes, a imprensa tradicional não recebe dinheiro pelas notícias e não vende espaço para publicidade.

Ou em outras palavras o CNPJ morre. A imprensa tradicional sempre vai publicar as notícias importantes para o seu ecossistema.

Sempre que um desconhecido pedir que você instale um programa no seu aparelho não faça.

O próximo passo deste tipo de golpe é a captura das suas informações privadas e a exigência de dinheiro para não divulgar.

Nunca fale as suas informações pessoais (senhas, documentos etc.) para desconhecidos.
Se um desconhecido exigir o pagamento de uma dívida no seu

nome não faça. Busque antes as informações com a entidade responsável.

Não compartilhe links recebidos no WhatsApp ou redes sociais sem pesquisar o assunto em sites confiáveis.

A primeira forma para recuperar uma conta sequestrada é a reativação do seu WhatsApp no seu celular.

Abra o aplicativo e preencha o seu número e aguarde o recebimento do código SMS de autenticação.

Em seguida, digite o número e siga os demais passos.

Caso este processo de restauração do seu perfil não funcione, então você deve notificar o WhatsApp que você foi alvo de um golpe.

Envie um e-mail com a seguinte frase no assunto e corpo da mensagem: "Perdido/Roubado: Por favor, desative minha conta".

Inclua no e-mail o seu telefone no formato internacional: código do país + código de área + número do celular.

O endereço para enviar o e-mail é support@whatsapp.com.

O processo pode demorar vários dias.

A sua conta será desativada e você terá até 30 dias para reativá-la.

É muito importante fazer um boletim de ocorrência para que a polícia investigue o golpe.

3. Golpe de festa VIP

Fonte:

https://www1.folha.uol.com.br/colunas/painelsa/2020/02/golpe-de-festa-vip-para-clonar-whatsapp-de-famoso-avanca-diz-empresa-de-seguranca-virtual.shtml?origin=folha, Golpe de festa VIP para clonar WhatsApp de famoso avança, diz empresa de segurança virtual, acessado em 04/04/2021.

Foi revelado, em janeiro de 2020, que o golpe de festa VIP foi uma das principais versões do golpe do sequestro da conta do WhatsApp.

Os criminosos enviavam convites falsos para roubar dados de celebridades.

No ataque, os golpistas se passavam por assessores de uma celebridade para roubar os dados privados das outras celebridades e dos seus conhecidos.

O estratagema usado foi o envio de um convite falso para uma festa VIP.

A vaga falsa de emprego foi o grande vencedor no mês de janeiro de 2020 no quesito sequestro da conta do WhatsApp.

O segundo lugar foi vencido pela versão bolsas de estudo e o terceiro lugar ficou com a narrativa cartão de crédito para negativados.

A nobre e boa recomendação de ativar a dupla autenticação do WhatsApp vale para as celebridades também.

Os convites falsos podiam ser usados tanto para sequestrar fisicamente os famosos, como para roubar os dados privados das celebridades e dos seus contatos.

Os criminosos usaram o golpe da festa VIP para extorquir dinheiro dos contatos das suas vítimas.

4. Golpe que usa indevidamente o nome do Scooby

Fonte:

https://tvefamosos.uol.com.br/noticias/redacao/2020/02/15/scooby-denuncia-golpe-estao-clonando-contatos-e-convidando-em-meu-nome.htm, Scooby denuncia golpe: "Estão clonando contatos e convidando em meu nome", acessado em 04/04/2021.

Foi revelado, em fevereiro de 2020, que o surfista Pedro Scooby disse que os seus amigos estão recebendo mensagens em seu nome com um convite para um evento em 16/02/2020 no Brasil.

Ele afirmou que estará em Portugal na data do evento.

O Pedro publicou uma postagem no Instagram na manhã de 15/02/2020 em que ele afirmou aos seus seguidores que ele foi vítima de um golpe.
Na postagem ele afirmou que os seus amigos estão recebendo mensagens em seu nome com um convite para um evento no Brasil na data de 16 de fevereiro de 2020.

No vídeo publicado o surfista disse que o convite para o evento é falso, e caso receba um pedido de dinheiro tenha a certeza de que não é ele.

A conta do WhatsApp do Scooby foi sequestrada e os golpistas usaram os contatos dele para enviar convites no nome dele.

A nobre e boa recomendação de ativar a dupla autenticação do WhatsApp vale também para o Pedro Scooby.

5. Golpe do vídeo íntimo

Fonte:

https://www.uol.com.br/tilt/noticias/redacao/2019/11/12/golpe-do-tenho-video-intimo-seu-ja-lucrou-mais-de-r-400-mil-nao-caia.htm, Golpe do "tenho vídeo íntimo seu" já lucrou R$ 400 mil; veja como não cair, acessado em 04/04/2021.

Foi revelado, em novembro de 2019, que os golpistas ameaçaram divulgar os vídeos íntimos de quase 30 milhões de pessoas.

O crime movimentou mais de uma dezena de bitcoins.

Na maioria dos casos, os criminosos estavam blefando e não possuíam vídeo algum.

O golpe começava com um e-mail ameaçador que dizia: "Estou ciente de que xxxxxx é a sua senha".

Na mensagem, o golpista dizia que tinha um vídeo íntimo da vítima e que ela tinha apenas 24 horas para resolver o problema.

O nome do crime é sextortion. Uma parte das quase trinta milhões de vítimas enviou Bitcoins para os criminosos.

Entre janeiro e maio de 2019, foram enviadas quase 300 milhões de mensagens de sextortion.

O golpista dizia no e-mail ameaçador que iria divulgar as páginas pornográficas acessadas pela vítima e iria enviar para os contados da vítima um vídeo com dela se masturbando.

O criminoso dizia na mensagem que o vídeo não seria enviado se ele receber o dinheiro solicitado.

Em geral as ameaças eram falsas. Tudo não passava de um blefe.

O objetivo da ameaça era desestabilizar emocionalmente as

suas vítimas.

No e-mail, o golpista escreveu que se a vítima precisar de uma prova da veracidade da ameaça, basta ela responder Sim.

Neste caso, o vídeo gravado seria enviado para treze contatos.

O criminoso continua o e-mail dizendo: "Esta é uma oferta não negociável, portanto não perca o meu tempo e o seu respondendo ao e-mail".

O golpista criou uma narrativa para amedrontar a sua vítima.

A senha mostrada no início do e-mail foi usada para demonstrar o poder de invasão do criminoso.

A vítima imagina que se o golpista conhece a senha do e-mail dela, ele realmente pode ter invadido o seu equipamento e gravado um vídeo.

Na verdade, o golpista conhece apenas a senha do e-mail da sua vítima.

Ele usa o malware Phorpiex para enviar os e-mails ameaçadores em massa.

O Phorpiex compara os endereços de e-mail que encontrou com os endereços cujas senhas foram vazadas em ataques cibernéticos anteriores e envia aproximadamente 30 mil e-mails por hora.

Ou seja, ele busca por endereços de e-mail cujas senhas foram expostas na internet e envia um e-mail ameaçador.

Os sites como o https://haveibeenpwned.com/ (';--have i been pwned?, acessado em 04/04/2021) permitem a verificação se uma conta de e-mail foi comprometida por uma violação de dados.

Com a senha da conta, o Phorpiex dispara o envio dos e-mails ameaçadores e o criminoso espera para ver se alguém cai na narrativa da engenharia social.

A vítima que recebeu a ameaça precisa manter a calma, pois é pouco provável que exista um vídeo comprometedor dela.

É muito importante que os donos de contas de e-mail mudem as suas senhas com frequência.

Sempre que correr um vazamento de senhas é preciso mudar a senha da conta do seu e-mail.

É também importante manter os dispositivos computacionais (celular, computador, carro, geladeira, televisão, tablet, câmera IP, brinquedos, lâmpadas, tomadas etc.) atualizados.

Para facilitar esta tarefa instale um programa de segurança e faça uma varredura nos equipamentos computacionais.

6. Golpes usando o WhatsApp no Brasil

Fonte:

https://tecnologia.uol.com.br/noticias/redacao/2018/02/06/whatsapp-e-ferramenta-favorita-de-hackers-para-aplicar-golpes-no-brasil.htm, WhatsApp vira ferramenta favorita de hackers para aplicar golpes no Brasil, acessado em 04/04/2021.

Foi revelado, em fevereiro de 2018, que ocorreu um enorme crescimento de golpes via WhatsApp.

O aplicativo passou a ser a principal infraestrutura usada pelos criminosos para aplicar golpes digitais no Brasil.

São dezenas de milhões de casos de disseminação de links maliciosos via o aplicativo.

Os golpistas usam técnicas simples e uma narrativa de engenharia social que é uma versão dos golpes anteriores.

Os links maliciosos enviados nas mensagens usam iscas como falsas promoções comerciais especiais e falsos processos seletivos para empregos para fazer com que as vítimas cliquem neles.

Os criminosos criaram narrativas atraentes para as pessoas que estão sofrendo as consequências da crise financeira brasileira.

A técnica de phishing através do aplicativo de mensagem é usada em quase 70% dos golpes.

A técnica de falsa publicidade é usada em 10% dos golpes.

A técnica de phishing bancária é usada em 7% dos golpes.

A técnica de phishing de serviços falsos é usada em 5% dos golpes.

A técnica de enviar notícias falsas através de SMS pago é usada em 4% dos golpes.

Outras técnicas são usadas em 4% dos golpes.

O objetivo dos golpes é fazer o usuário instalar um aplicativo suspeito ou fazer a assinatura de um serviço ou assumir o controle da conta corrente da vítima.

Estes tipos de golpes têm elevado potencial de viralização e possibilitam grandes ganhos financeiros para os criminosos.

Os golpes no WhatsApp fizeram dezenas de milhões de vítimas nos últimos quatro anos.

7. Treinamento contra a engenharia social

Fonte:

http://cio.com.br/gestao/2018/02/06/como-combater-sete-das-tecnicas-de-engenharia-social-mais-eficientes/, Como combater sete das técnicas de engenharia social mais eficientes, acessado em 04/04/2021.

Foi revelado, em fevereiro de 2018, que as empresas deveriam treinar continuamente os seus funcionários sobre os detalhes dos golpes que usam as técnicas da engenharia social

A engenharia social é um método de ataque que explora as vulnerabilidades do conhecimento dos colaboradores das empresas.

Os golpistas atacam as pessoas porque é mais fácil e rápido explorar as vulnerabilidades do conhecimento dos funcionários e terceiros.
Na maioria das empresas, o elo mais frágil de um sistema de segurança digital é o ser humano.

As vulnerabilidades comportamentais e do conhecimento dos funcionários tornam as empresas suscetíveis aos ataques dos golpistas.

Os golpistas exploram as características de vaidade, autoconfiança, vontade de ajudar etc. para perpetrar os seus ataques.

É mais comum do que imaginamos um golpista acessar as informações secretas de grandes empresas após conquistar a confiança de algumas pessoas.

Os criminosos convencem os seus alvos de que são colegas de trabalho ou executivos ou auditores ou oficiais de justiça ou etc.

A engenharia social permite que os golpistas obtenham informações sigilosas sobre determinados funcionários.

Em alguns casos os usuários forneceram as suas senhas para os criminosos.

As redes sociais são um ambiente em que é possível enganar as pessoas para obter informações valiosas.

Com as informações fornecidas pelas próprias vítimas em redes como Twitter, Instagram Facebook etc. os golpistas enviam para elas e-mails específicos que despertam a curiosidade e fazem com que elas instalem softwares maliciosos nos seus equipamentos.

Os métodos de engenharia social mais bem-sucedidos na internet são o phishing e malware.

Os criminosos usam no seu dia a dia um arsenal de ferramentas e abordagens nos seus ataques.

Para as ameaças digitais, as empresas devem investir no treinamento permanente das pessoas, na criação de processos rigorosos para instalar softwares nos equipamentos e nas ferramentas de segurança.

O investimento na segurança digital só funciona se o 'modus operandi' dos criminosos for conhecido.

Muitos erros graves de segurança digital já ocorreram, porque o modelo operacional dos criminosos era desconhecido.

É preciso conhecimento para tornar a proteção digital efetiva.

Todos os ataques de engenharia social bem-sucedidos demandam por tempo, paciência e persistência.

Em outras palavras os ataques são realizados com calma e de forma metódica.

Os criminosos usam as seguintes técnicas para atacar os seus alvos.

- Engenharia social. Ela é usada para enganar os usuários das organizações e permitir a execução de macros que ativam a instalação de malwares. Em alguns ataques, os golpistas criaram caixas de diálogo falsas no editor de texto solicitando permissões de execução de macros para que o conteúdo do documento seja exibido corretamente. Os golpistas escreveram o texto do diálogo em uma língua desconhecida pela vítima e criaram uma imagem de diálogo parecida com a usada pelo fabricante do editor de texto. Quando os usuários ativam e executam as macros, o malware infecta todos os dispositivos conectados na rede.

- Sextorção. Nos ataques chamados catphishing, os criminosos buscam seduzir as suas vítimas e fazer com que elas compartilhem fotos e vídeos comprometedores para chantageá-las. Existem casos, onde os funcionários de TI e de recursos humanos da empresa foram chantageados via mídias sociais para as revelar informações sensíveis, de outros funcionários. Em geral, os golpistas conseguem as fotos e vídeos comprometedores manipulando as suas vítimas nas mídias sociais. Elas usam as imagens comprometedores para conseguir outras mais comprometedoras ainda. Em alguns casos, as webcams das pessoas foram invadidas e tiraram fotos das vítimas quando elas achavam que ninguém estava olhando. A invasão da webcam ocorre via a instalação de um software espião na máquina da vítima. Este tipo de ataque também já ocorreu de forma presencial em bares e hotéis durante palestras e conferências.

- Afinidade. Na engenharia social por afinidade, os golpistas formam vínculos com a sua vítima com base em interesses comuns. O objetivo é conquistar a amizade da vítima e depois pedir favores para obter lentamente informações sobre a empresa. No começo, os pedidos são sobre informações amplamente conhecidas e depois são sobre informações sensíveis. Após "pescar" a sua vítima, o golpista passa a chantageá-la. No começo, os criminosos são amigáveis e estão interessados na sua vida pessoal e em tudo relacionado com elas. Em pouco tempo, eles conseguem obter informações confidenciais. Os criminosos conquistam em primeiro lugar a confiança das pessoas mais acessíveis e de menor hierarquia na empresa para obter informações sobre as que estão mais bem posicionadas na hierarquia empresarial. Os golpistas estabelecem conexões nas redes sociais usando: (i) pontos de vista políticos comuns, (ii) grupos de mídia social, (iii) hobbies em comuns, (iv) esportes, (v) videogames, (vi) etc.

- Falso recrutador. Com o elevado desemprego estrutural no Brasil, a figura do headhunter procurando um candidato para uma vaga de emprego é mais do que desejada. Ninguém suspeita de um falso recrutador que oferece oportunidades de trabalho sedutoras para obter informações. O golpista consegue desta forma obter informações reservadas sobre a empresa. Também existem casos, onde o criminoso ameaça dizer ao chefe da vítima que ela pretende sair da empresa e para provar a sua intenção ele compartilha as informações reservadas que ele obteve nas redes sociais e obriga a sua vítima falar as suas senhas de acesso aos sistemas.

- Estagiário. Um criminoso passando por estagiário tem o conhecimento para cometer o crime de espionagem industrial. Ele sabe quais perguntas deve fazer e onde e como encontrar as informações confidenciais. O golpista obtém desta forma as informações sobre quem deve hackear para ter acesso as senhas. O criminoso conhece com propriedade a importância da linguagem do negócio. O falso estagiário descobre e estuda os códigos da linguagem da indústria e usa a engenharia social para as suas ações criminosas. O seu objetivo é tirar o máximo proveito da linguagem corporativa. Uma pessoa que usa linguagem e expressões reconhecidas pela corporação transmite segurança. As pessoas têm menos resistência quando conversam com uma outra pessoa utilizando os acrônimos e expressões do dia a dia do negócio.

- Bots. Os robôs maliciosos são usados nos ataques de engenharia social mais sofisticados. Os robôs infectam os navegadores instalando e ativando extensões maliciosas que sequestram as sessões de navegação na internet e usam as credenciais de rede social salvas no navegador para enviar mensagens infectadas para os contatos das vítimas. Os golpistas usam os robôs para enganar os contatos da vítima. Eles inserem nas mensagens links que baixam e instalam malwares. Este estratagema permite que os criminosos construam uma grande rede de computadores controlados por eles.

Para não cair nos golpes, é preciso configurar o editor de textos, planilhas etc. para não permitir que os usuários habilitem as macros.

A inspeção dos pacotes baixados, a análise comportamental e o monitoramento da camada de rede para descobrir qualquer tipo de comportamento anômalo são ferramentas que barram os ataques.

A segmentação de rede, a autenticação multifatorial e análise pós-ataque são usados para limitar os danos causados por credenciais roubadas e entender o escopo das violações de segurança digital.

É muito importante ter ferramentas que garantam a remoção de todos os malwares existentes nos dispositivos computacionais.

Para evitar o crime de Sextorção nas empresas é preciso combinar a confiança zero com a detecção comportamental com a monitoração da rede para descobrir antecipadamente os ataques e limitar o uso abusivo das credenciais furtadas.

O crime de Sextorção exige o envolvimento do departamento jurídico e de recursos humanos.
A conscientização dos funcionários e a intervenção precoce são as melhores ferramentas para limitar os danos.

Para evitar os ataques que usam Bots maliciosos é preciso usar as ferramentas de monitoração do comportamento anômalo da rede e um antivírus com antimalware.

Eles monitoram o comportamento do Bot e impedem que ele faça qualquer tipo de mudança no navegador.

A empresa pode detectar alguns robôs mais simples usando inteligência do conhecimento e as informações de reputação.

A instalação de um antivírus com tecnologia anti-phishing e anti-hacking nos equipamentos oferece proteção em tempo real contra os ataques disparados via WhatsApp, SMS e outros mensageiros.

Outra dica para não cair nos golpes digitais é nunca acreditar nos links das promoções de produtos e serviços com valores abaixo do mercado.

Sempre pesquise no site oficial do fornecedor de produtos e serviços sobre as promoções.

É importante para manter o ambiente seguro ter o hábito de sempre verificar a veracidade dos links recebidos antes de navegar neles.

A verificação do antivírus permite saber se um link é seguro ou não.

Outra dica de segurança, é treinar os funcionários continuamente em todos os aspectos relacionadas com a segurança digital.

É preciso criar uma consciência coletiva sobre a engenharia social e apresentar a forma de como os ataques acontecem.
É importante explicar como funcionam os ataques baseados na engenharia social.

É preciso apresentar cenários plausíveis dos ataques.

As encenações dos ataques precisam mostrar tanto as vítimas, como os golpistas para demonstrar o passo a passo de todas as ações realizadas pelos criminosos.

É importante treinar as pessoas para que elas sejam paranoicas ao extremo, pois é impossível saber o que o golpista quer delas.

Em geral a engenharia social tem como primeiro alvo as recepcionistas e os vigias que comandam a cancela do estacionamento.

É preciso, portanto, mostrar que a engenharia social atinge todos os funcionários.

É importante mostrar nas encenações plausíveis dos ataques como as pessoas podem ser vulneráveis aos ataques.

Apesar desta forma, os colaboradores terão as ferramentas necessárias para a proteção digital.

As empresas precisam dar garantias de empregabilidade para os funcionários que caírem na lábia dos criminosos.

Os funcionários precisam ter a segurança de que podem denunciar os ataques em andamento e as chantagens e coerções.

É preciso oferecer canais para que os colaboradores informem aos empregadores de que eles estão em apuros.

A dica mais importante para não cair nos golpes digitais é que a combinação de treinamentos, políticas e tecnologias de segurança digital.

Este conjunto de iniciativas permite que as empresas resistam as artimanhas da engenharia social.

A falta de conhecimento tornou o WhatsApp a principal infraestrutura usada pelos criminosos.

As pessoas compartilham conteúdos maliciosos pelo aplicativo de mensagens e os golpistas conseguem viralizar os seus ataques.

Os ataques viralizados permitem a realização de um golpe em grande escala.

Em geral milhões de pessoas são alcançadas em um único ataque.

Em 2017, as principais narrativas usando a engenharia social para disseminar o phishing no WhatsApp foram:

CNH de graça. Foram atacadas as pessoas que recebiam até dois salários-mínimos. A mensagem prometia a participação em um programa do governo para tirar a carteira nacional de habilitação de graça. O golpe atingiu mais de 600 mil pessoas.

Vale-presente do "O Boticário". Os golpistas usaram indevidamente, a marca "O Boticário" para realizar promoções falsas bastante parecidos com as promoções reais que a empresa estava oferecendo. Os criminosos ofereceram vale-presentes e brindes como isca. O golpe atingiu mais de 4 milhões de pessoas.

FGTS. As contas inativas do FGTS foram liberadas para saques. Os golpistas exploraram as fragilidades da população para bombardear o WhatsApp com golpes usando de forma fraudulenta a marca da Caixa. As mensagens falsas afirmavam que era possível receber R$ 1.760,00 do FGTS. O golpe atingiu mais de 5 milhões de pessoas.

8. Natal sem golpes

Fonte:

https://portal.febraban.org.br/noticia/3582/pt-br, FEBRABAN dá dicas de como fazer as compras de Natal sem cair em golpes virtuais, acessado em 04/04/2021.

Foi revelado, em dezembro de 2020, que o prejuízo causado por golpes nos canais eletrônicos de atendimento ao cliente em 2015 do setor financeiro foi de aproximadamente R$ 2 bilhões.

Os bancos monitoram todas as operações realizadas para combater as fraudes.

O sistema financeiro nacional investe aproximadamente 2 bilhões de reais em sistemas e ferramentas de segurança por ano.

O investimento nas tecnologias físicas de segurança digital é muito importante, no entanto, ele é perdido quando o comportamento dos clientes amplifica os riscos de perdas.

Cerca de 60% das transações do sistema financeiro brasileiro são realizadas pela internet.

O volume elevado de movimentações digitais sinaliza que os bancos precisam evangelizar os seus clientes e fazer com que eles tomem os seguintes cuidados:

Cuidado com as senhas. A fraude de transferência de dinheiro com uso da senha do cliente ocorre quando o golpista tem acesso, via engenharia social e sites clonados, aos dados pessoais das suas vítimas (informações publicadas nas redes sociais por amigos, parentes e usuários).

A senha bancária permite a movimentação dos valores disponíveis na conta do cliente.

Com a senha é possível sacar, transferir dinheiro, executar ordens de pagamento, pagar contas, resgatar aplicações, obter empréstimos etc.

Nos caixas automáticos o cartão do banco pode ser utilizado para realizar diversas transações financeiras e no internet banking as operações são realizadas sem o uso do cartão do banco.

Por isto a senha do cartão do banco não pode ser facilmente descoberta por um terceiro.

Nunca use como senha datas de nascimento, nomes de pessoas e números óbvios (por exemplo número dos telefones, números dos documentos, número do endereço da residência e trabalho, número da placa do automóvel etc.).

Também nunca use na senha números, letras ou teclas sequenciais.

Use sempre na senha uma sequência aleatória de números, letras ou teclas.

Sob hipótese alguma revele a sua senha para terceiros.

Nunca digite os seus dados pessoais e as senhas em sites que não sejam do banco.

Sempre que usar um caixa eletrônico mantenha o corpo próximo da máquina para evitar que outros não possam ver o que digitou ou não possam descobrir a sua senha pela movimentação dos dedos.

Se receber uma ligação de um funcionário do banco e ele perguntar dados pessoais ou pedir para você digitar a sua senha em uma central eletrônica não responda e não digite.

Os telefones celulares podem ser configurados para registrar a conta e senha na memória do equipamento, por isto nunca digite a sua senha nos celulares de terceiros.

Troque periodicamente a sua senha de acesso ao banco e utilize senhas de bloqueio no seu smartphone;

A senha da sua conta é pessoal, intransferível e não deve ser informada para terceiros (nem mesmo para os funcionários do banco).

Recomendações para evitar prejuízos

- Nunca acesse sites de bancos que foram frutos do redirecionamento de outros sites. Por exemplo sites de buscas e pesquisas.

- Sempre acesse o site do seu banco digitando o endereço dele diretamente no seu navegador.

- Sempre que você for pagar uma conta ou fazer uma operação financeira via internet banking você deve clicar no cadeado ou na chave de segurança que aparece na área de segurança do site. O certificado de segurança do site é fornecido por um certificador internacional e ele confirma a autenticidade e informa o nível de criptografia.

- Nunca adicione novos certificadores no seu navegador.

- Mantenha o firewall e antivírus atualizados nos equipamentos.

- Nunca use equipamentos públicos para acessar as suas redes sociais, e-mails e contas bancárias. Só use os equipamentos em que você confia cegamente na segurança digital.

- Nunca use telefones de terceiros para fazer transações financeiras ou para fazer ligações.

- Nunca empreste o seu smartphone para desconhecidos.

- Se o seu celular for roubado, furtado ou perdido você deve informar o seu banco imediatamente.

- Leia sempre os informativos de segurança enviados pelo fabricante do seu smartphone e pelo seu banco.

- Nunca baixe ou instale aplicativos fora da loja oficial do seu smartphone.

- Nunca clique em aplicações e arquivos desconhecidos. Em geral, eles estão contaminados com vírus ocultos configurados pelos fraudadores para capturar as informações sobre a sua conta e senha.

- Nunca faça transações bancárias usando redes desconhecidas ou públicas.

- Mantenha a sua rede sem fio e o roteador protegidos por uma senha forte.
- Não navegue em sites de conteúdo suspeito ou de reputação ruim. Só baixe arquivos para os seus dispositivos digitais de sites confiáveis.

- Use apenas sistemas operacionais e navegadores originais e atualizados. Eles oferecerem vários mecanismos de segurança digital valiosos.

- Acompanhe periodicamente os lançamentos nas suas contas. Entre imediatamente em contato com o banco, caso exista alguma movimentação irregular.

- Sempre consulte o seu banco antes de realizar qualquer procedimento de segurança solicitado por e-mail, fone, SMS etc.

9. Golpe do boleto falso do IPTU

Fonte:

https://gizmodo.uol.com.br/golpe-usa-boleto-falso-do-iptu-como-isca-para-roubar-dinheiro-de-paulistanos/, Golpe usa boleto falso do IPTU como isca para roubar dinheiro de paulistanos, acessado em 04/04/2021.

Foi revelado, em outubro de 2015, que o golpe do IPTU tinha como público-alvo os moradores da cidade de São Paulo.

O golpe usou boletos falsificados do IPTU (Imposto Predial e Territorial Urbano) para enganar os moradores da cidade de São Paulo.

Os golpistas criaram um site falso que gerava uma segunda via falsa do boleto do imposto.

O boleto falso enviava o dinheiro pago para os golpistas.

O site falso estava hospedado no endereço www.2viaiptu.com.br (o site foi removido, acessado em 04/04/2021) e tinha aparência bastante parecida com o verdadeiro (https://iptu.prefeitura.sp.gov.br/, Impressão da 2ª Via Simplificada do IPTU, acessado em 04/04/2021).

O estratagema de gerar boletos falsos pelos golpistas foi usado pela primeira vez em 2013.

No boleto falso do IPTU não constavam informações como os dados pessoais, endereço completo e número de identificação junto à prefeitura de São Paulo.

Para evitar os golpes do boleto falso, sempre verifique o endereço do site.

Sempre digite o endereço do site diretamente na barra de endereços do seu navegador.

Nunca use um site redirecionado pelo site de busca, pois os golpistas compram links patrocinados para colocar o site falso em primeiro lugar no resultado dos sites de buscas.

O site do boleto falso do IPTU foi denunciado para as autoridades competentes e foi solicitada a sua remoção.

Indústria bilionária do boleto falso

Durante a copa do mundo de futebol de 2014, o golpe do boleto falso rendeu bilhões de reais para os golpistas que atuavam no Brasil.

O pagamento por boleto é uma prática brasileira e é pouco conhecida fora do Brasil.

O boleto transfere dinheiro entre empresas ou entre consumidor e empresa e é uma alternativa ao cartão de crédito e débito.

O boleto não oferece proteção para o pagador, pois inexiste mecanismo de estorno nos casos de erro ou fraude.

Após pagar boleto, a única forma de ter o dinheiro de volta é o recebedor depositar o valor de volta na sua conta.
No primeiro mundo, o pagamento via boleto é considerado obsoleto.

No Brasil, é uma forma de pagamento comum, pois existem graves limitações no ambiente do sistema financeiro nacional.

A natureza do pagamento via boleto é perfeita para os crimes digitais, pois os equipamentos contaminados pelo malware do boleto falso passam a gerar pagamentos para os criminosos.

Os equipamentos são infectados quando o usuário abre um arquivo ou link enviado por um e-mail malicioso e autorizam a instalação do malware do boleto.

Uma vez instalado o malware, o programa espera até que o

usuário acesse a sua conta.

O software altera os campos do boleto emitido para que o dinheiro seja encaminhado para as mãos dos golpistas.

Como o valor envolvido é baixo, o criminoso precisa executar um grande volume de fraudes.

Uma quadrinha desviou mais de US$ 250 mil em cinco meses.

Centenas de milhares de computadores foram infectados pelo malware do boleto.

Mais de 30 bancos foram impactados pelo golpe.

Os bancos orientaram os seus clientes para instalar plug-ins no navegador para barrar o malware.

No entanto, os golpistas desenvolveram versões do malware que desativaram os plug-ins de segurança.

Para se proteger contra o malware do boleto é preciso instalar um firewall e antivírus nos equipamentos e manter as ferramentas de proteção atualizadas.

10.   *Golpe do delivery*

Fonte:

https://economia.uol.com.br/colunas/tudo-golpe/2020/08/12/golpe-do-delivery-cresce-durante-a-pandemia-saiba-como-os-criminosos-atuam.htm, Golpe do delivery cresce durante a pandemia; saiba como os criminosos atuam, acessado em 04/04/2021.

Foi revelado, em agosto de 2020, que no caso de pagamento presencial, os golpistas usam uma maquininha com o visor danificado e digitam um valor de pagamento superior ao acordado.

No caso do pagamento realizado pelo aplicativo, os criminosos cobram presencialmente uma taxa de entrega e solicitam os dados do cartão do consumidor.

O golpe do delivery fez muitas vítimas durante a pandemia do novo coronavírus.

Por exemplo, um consumidor fez um pedido via iFood e foi abordado por um golpista.

O cliente após uma longa espera recebeu uma ligação do restaurante perguntando se a entrega foi realizada.

Ele informou que não foi feita, e o restaurante perguntou se ele aceitava manter o pedido.

O cliente aceitou e recebeu em seguida uma ligação do restaurante para informá-lo que o segundo pedido estava na fase de entrega.

Após a ligação ele passou a receber mensagens pelo aplicativo do iFood do entregador do primeiro pedido.

O entregador disse que sofreu um acidente e que foi buscar o pedido e que em breve chegaria na residência do cliente

O entregador pediu que o cliente não desse uma nota baixa para ele no aplicativo por causa do atraso na entrega.

Novamente foi uma longa espera pelo cliente.

O entregador pediu que o cliente retirasse o pedido no portão da residência do cliente.

Na retirada o entregador perguntou sobre a forma de pagamento.

O cliente disse que pagou o pedido na plataforma.

O entregador disse que o primeiro pedido foi estornado e que ele deveria pagar na hora.

O cliente entrou em contato com o restaurante, que alertou para não pagar nenhum valor para o entregador, pois o pedido estava pago.

O entregador insistiu em cobrar o pedido e não fez a entrega.

O entregador falou que iria ligar para o restaurante e devolver o pedido.

O cliente disse que iria denunciar o caso para a polícia por estelionato.

O entregador subiu na garupa da moto cuja placa estava encoberta com um papel e fugiu.

O entregador que fez a entrega não é o mesmo da foto do aplicativo. O iFood devolveu o valor pago pelo cliente.

É muito importante acionar imediatamente o restaurante e o aplicativo em caso de problemas com a entrega.

O cliente nunca deve pagar qualquer valor adicional quando optar pelo pagamento via aplicativo.

Todos os consumidores afetados por fraudes envolvendo maquininhas devem registrar um boletim de ocorrência e entrar em contato com o aplicativo pelos canais oficiais de atendimento ao cliente.

O pagamento pelo aplicativo é o final da transação comercial.

Neste caso, em nenhuma hipótese deve ser solicitado um pagamento adicional na entrega do pedido.

Se for questionado pelo entregador, o cliente deve recusar fazer qualquer tipo de pagamento e deve acionar imediatamente o aplicativo para denunciar a atividade suspeita.

Os aplicativos devem enviar orientações via app para conscientizar os consumidores.

Antes de digitar a senha para pagar por meio de cartão de débito ou crédito, o consumidor deve verificar o valor no visor da maquininha e não digitar a senha caso o visor não exiba claramente o valor.

Caso o consumidor tenha feito pagamento sem olhar o valor no visor ele deve verificar o valor que foi debitado.

Em caso de divergência, ele deve solicitar o cancelamento imediato.

É recomendável que os aplicativos eliminem a opção de pagamentos offline em dinheiro ou maquininha de cartão para aumentar a segurança dos clientes e entregadores.

Os aplicativos devem também descredenciar sumariamente e sem aviso prévio os entregadores que cedem a sua conta para terceiros.

Este procedimento aumenta a proteção dos entregadores, clientes e restaurantes honestos.

11. *Golpes usando fotos publicadas nas redes sociais*

Fonte:

https://economia.uol.com.br/colunas/tudo-golpe/2020/06/02/criminosos-usam-fotos-de-redes-sociais-para-aplicar-golpes-no-whatsapp.htm, Criminosos usam fotos de redes sociais para aplicar golpes no WhatsApp, acessado em 04/04/2021.

Foi revelado, em junho de 2020, o golpe do perfil falso no WhatsApp.

A vítima recebe uma mensagem de um golpista passando por um parente próximo.

O criminoso diz que o seu telefone mudou e que este é o novo número.

O criminoso conversa sobre amenidades com a vítima até que ele pede um empréstimo

A vítima acredita na lábia do golpista e cai no golpe.

Várias vítimas foram abordadas com este golpe.

Os criminosos não clonam mais o número do celular da sua vítima.

Eles pegam as fotos, comentários, graus de parentesco etc. publicadas nas redes sociais para compor o perfil falso.

Em outras palavras, as pessoas mal-intencionadas acessam os perfis mantidos pelas suas vítimas nas redes sociais para capturar informações pessoais e sobre os contatos das vítimas.

O objetivo dos golpistas é criar um perfil capaz de enganar os contatos da sua vítima.

A corrida que as pessoas estão fazendo por amigos e seguidores faz com que sejam revelados diversos detalhes da vida pessoal. Os criminosos estão usando estas informações para criar perfis falsos bastante realistas.

A solução não é excluir o seu perfil nas redes sociais.

É muito importante refletir com cuidado sobre quais informações são públicas e quais não são.

Se um amigo ou parente seu pedir dinheiro emprestado pelo WhatsApp, é importante que você ligue de preferência no telefone fixo dele para verificar se é um pedido verdadeiro.

Não tome decisões de forma precipitada, não transfira o dinheiro.

Não caia no golpe do perfil falso.

É muito importante que os seus dados pessoais, informações e fotos com parentes e amigos não sejam acessíveis para todas as pessoas.

Para aumentar a sua segurança pessoal é preciso avaliar com cautela quais dados, informações, fotos etc. são públicos.

A elevada exposição de conteúdo privado nas redes sociais está alimentando a base de dados dos golpistas.

12. *Telemarketing do golpe*

Fonte:

https://www.uol.com.br/tilt/noticias/redacao/2020/02/06/ bandidos-criam-telemarketing-do-golpe-para-invadir-whatsapp-saiba-evitar.htm, Bandidos criam 'telemarketing do golpe'; entenda de vez invasão ao WhatsApp, acessado em 04/04/2021.

Foi revelado, em fevereiro de 2020, que os criminosos estão sequestrando as contas de WhatsApp das suas vítimas sem usar vírus.

O golpe do sequestro da conta de WhatsApp até pouco tempo atrás dependia de um malware e era focado nas pessoas publicas famosas.

O golpe foi simplificado e agora tem como alvo todas as pessoas.

O objetivo do golpe é o mesmo, ou seja, pedir dinheiro para os contatos da vítima usando o nome dela.
Os golpistas ligam para a sua vítima e usam uma narrativa bastante convincente para fazer com que ela informe o código de ativação do WhatsApp.

Em poucos minutos o criminoso sequestra a conta de WhatsApp da sua vítima.

Muitas vezes, o golpista diz que está falando em nome de um cliente com quem a vítima estava negociando.

Em alguns casos, o criminoso diz que o cliente participará de um evento em um hotel e que será enviado um convite para a vítima.

O convite enviado é eletrônico.

Neste momento, o golpista pede para a vítima falar os dígitos do convite que foi enviado por SMS.

A partir deste instante, o golpista sequestra a conta do WhatsApp da vítima e passa a pedir dinheiro para os contatos dela.

Em geral, a mensagem enviada para o contato da vítima solicita o empréstimo de uma certa quantia (normalmente um valor baixo em relação ao patrimônio da pessoa) e o dinheiro será devolvido amanhã.

Muitos contatos da vítima fazem a transferência do dinheiro para ajudar o seu amigo ou parente.

Os criminosos conseguem os telefones das suas vítimas através das listas dos membros dos grupos públicos do WhatsApp, nas plataformas de comercio eletrônico, nos vazamentos de dados e nos contatos das pessoas que já caíram no golpe.

As diversas contas de WhatsApp que foram invadidas de forma invisível por clonagem da linha telefônica com ajuda dos funcionários da operadora de telefonia estão alimentando o banco de dados dos criminosos no golpe do sequestro da conta do WhatsApp.

As narrativas usadas pelos golpistas na versão de sequestro da conta estão em geral relacionadas com o convite para um evento, uma festa, uma premiação, um sorteio, ativação do processo de venda do produto na plataforma de comercio eletrônico ou uma proposta de emprego.

Os criminosos usam em geral as seguintes narrativas para pedir dinheiro para os contatos das suas vítimas: "O meu limite de transferência acabou, pode emprestar o dinheiro até amanhã", "Estou no mecânico com o carro quebrado e preciso urgente deste dinheiro", "Bati no carro de uma mulher gravida e ela foi hospitalizada. Preciso do dinheiro para salvar o bebê dela", "Minha mãe está doente e preciso do dinheiro para comprar o remédio dela".

As narrativas anteriores são usadas com poucas diferenças nos golpes aplicados pelos criminosos.

Os golpistas escolhem as suas vítimas à dedo.

Eles sabem que a falta de conhecimento da sua vítima sobre o crime é um fator crítico de sucesso.

O criminoso com boa lábia contando uma narrativa convincente consegue sequestrar milhares de contas de WhatsApp em pouco tempo.

A engenharia social faz com que as próprias vítimas forneçam as informações necessárias para o sequestro das suas contas.

As narrativas mais simples são as mais eficazes e convincentes.

A promessa de um prêmio ou a confirmação de um cadastro ou um pedido de ajuda ou um convite para uma festa da Gretchen, Xuxa, Preta Gil ou Caio Castro são as principais narrativas usadas pelos golpistas contra as suas vítimas.
Os golpes são elaborados e simples. Os golpistas ligam com um roteiro preparado. É o chamado telemarketing do golpe.

Quando a vítima pergunta alguma coisa, os golpistas respondem usando uma resposta pré-definida.

Os criminosos fazem a sua lição de casa antes de ligarem para as suas vítimas.

Eles pesquisam nos perfis públicos das redes sociais e descobrem informações sobre onde a vítima trabalha, onde os filhos delas estudam, com quem ela esteve nos últimos dias etc.,

Os contatos das vítimas nas redes sociais profissionais como o LinkedIn são usados para convencê-las da narrativa.

O telemarketing do golpe é considerado um crime de estelionato, pois os golpistas obtêm uma vantagem indevida usando uma narrativa falsa.

Antes de 2019, o golpe era mais complexo e difícil de ser executado, pois os criminosos invadiam as contas de WhatsApp das suas vítimas usando um chip clonado e contando com o envolvimento dos funcionários das principais operadoras de telefonia.

O número de celular da vítima era migrado para um chip sem uso e a linha de celular deixava de funcionar no aparelho da vítima.

Os criminosos configuravam o WhatsApp como se fossem os donos reais do número.

Após invadir a conta, eles pediam dinheiro para os contatos da vítima se passando por ela.

Até o início do ano de 2019 esta era a versão mais popular do golpe do sequestro do WhatsApp.

O telemarketing do golpe foi viralizado ao ponto em que as pessoas que tinham mais de um número de celular e de WhatsApp foram abordadas pelos golpistas duas vezes no mesmo dia.

Uma vítima que teve a sua conta sequestrada, passou a usar a sua segunda conta (outro chip e número).

Pouco minutos após cair no golpe, a sua segunda linha de celular tocou e um novo golpista usou o mesmo estratagema do primeiro criminoso para enganá-la.

O golpista falou que ela foi premiada e para participar ela só precisaria falar os seis dígitos enviados por SMS.

No segundo ataque a vítima estava escaldada e gravou toda a conversa telefônica.

Ela perguntou o nome do atendente, o nome da empresa, o endereço completo etc.

Uma rápida pesquisa no Google revelou que todas as informações faladas pelo golpista eram falsas.

A vítima então perguntou se era o golpe do sequestro da conta do WhatsApp e o criminoso respondeu que não e que a ligação estava sendo gravada por motivos de segurança.

Quando a vítima falou que estava fazendo um boletim de ocorrência, porque caiu no golpe do sequestro da conta minutos e que iria passar o telefone para o policial que estava atendendo-a, ele disse que ia falar com o policial.

Quando foi perguntado qual era o prêmio, o golpista reagiu com palavrões e desligou.

É muito importante entender que todos os números celulares das vítimas do golpe do sequestro da conta do WhatsApp foram obtidos na internet.

Eles estavam visíveis no Facebook, Instagram, LinkedIn, plataformas de comercio eletrônico etc.

No mundo de hoje, o número do telefone pessoal é um dado sensível.

Não é recomendável colocar ele na assinatura do e-mail, no LinkedIn, nos anúncios online etc.

Para estes casos é melhor comprar um chip novo.

As vítimas estão facilitando o trabalho dos golpistas.

É muito fácil conseguir os números telefônicos e aplicar golpes digitais.

Nas abordagens, os golpistas usam o nome de celebridades ou políticos para aumentar a sua chance de roubar dinheiro das suas vítimas.

As constantes falhas de segurança digital das empresas estão expondo os dados pessoais.

Muitas vezes as informações pessoais vazam e o usuário não é informado do vazamento ocorrido.

Os criminosos usam os grupos públicos no WhatsApp para roubar as informações das suas vítimas.

Os golpistas olham a lista de membros e pegam vários números.

É importante usar um número novo nos grupos.

Os contatos das vítimas que caíram no golpe também são utilizados pelos criminosos para perpetrar novos ataques.

A estratégia é eficaz, pois a lábia do golpista aumenta as chances de pelo menos um contato cair no golpe.

O melhor conselho possível é nunca compartilhar o código do WhatsApp enviado por SMS com ninguém.

Os funcionários do WhatsApp não fazem verificações nas contas dos usuários, por isto se receber uma ligação em que a pessoa diz que precisa verificar a sua conta, tenha certeza de que é um golpe.

O usuário deve considerar o código de autenticação enviado por SMS como uma senha pessoal.

Ele não deve ser publicado ou compartilhado.

É possível recuperar a sua conta após cair no golpe usando um dos seguintes estratagemas:

- Abra o aplicativo e digite o seu número e aguarde o recebimento do código SMS de autenticação. Siga os demais passos listados no aplicativo.

- Informe o WhatsApp imediatamente após cair no golpe. Envie o seguinte e-mail. No assunto e corpo da mensagem digite: "Perdido/Roubado: Por favor, desative minha conta". Inclua o seu telefone no formato código do país, código de área e número do celular. Envie o e-mail para o endereço support@whatsapp.com.

O segundo procedimento em geral demanda por uma espera para a resposta de vários dias.

Quando receber a resposta da sua solicitação, isto significa que a sua conta foi desativada e que você tem até 30 dias para reativá-la.

Faça sempre um boletim de ocorrência para que a polícia investigue o caso e colete informações sobre o golpe e os golpistas.

Repetindo. Nunca compartilhe o código de ativação do WhatsApp.

Caso receba uma ligação ou mensagem da equipe do WhatsApp verifique se o atendente usa gírias, frases informais e comete erros de português.

Os funcionários não abordam os clientes usando este tipo de linguajar.
Nunca atenda a solicitação de instalação de programa no seu equipamento ou de acesso remoto.

Sempre que isto ocorrer saiba que é golpe.

Nunca aceite exigências de pagamentos feitas por desconhecidos.

Não forneça informações pessoais como senhas ou números de documentos pessoais quando receber uma ligação telefônica.

Ative imediatamente a verificação em duas etapas do WhatsApp.

Neste caso o golpista precisa ter o seu código de verificação e a senha de seis dígitos que você criou para sequestrar a sua conta.

Ele precisa de duas informações diferentes para sequestrar a sua conta.

Fonte:

https://www.uol.com.br/nossa/noticias/redacao/2020/11/17/golpe-com-perfil-falso-atinge-hoteis-restaurantes-e-clientes-como-evitar.htm, Como não cair no golpe dos perfis falsos de hotéis e restaurantes, acessado em 04/04/2021.

Foi revelado, em novembro de 2020, uma mensagem enviada no golpe perfil falso de hotel:

"Olá. Notamos que você segue o nosso Instagram de publicidade. Por favor envie o seu nome completo e número do telefone com DDD para concorrer por uma semana de estadia no nosso hotel com tudo incluso. Caso tenha interesse envie as informações solicitadas via o site https://www.xxx.com.br".

No golpe do perfil falso de hotéis e restaurante, a vítima é comunicada via rede social que ela ganhou uma promoção em um hotel ou restaurante e para aceitar a promoção, ela deve clicar no link enviado via SMS e informar qual foi o código gerado.

Na realidade, as instruções recebidas pela vítima são um passo a passo para sequestrar a conta de WhatsApp dela.

Tecnicamente o golpista adotou o estratagema de phishing que é uma fraude eletrônica cujo objetivo é roubar as informações do usuário.

No estratagema de phishing, os criminosos criam perfis falsos nas redes sociais para capturar os dados pessoais das suas vítimas.

Depois de sequestrar a conta, o golpista dispara várias mensagens para os contatos da vítima solicitando dinheiro.

Caso o contato não envie o dinheiro solicitado, o criminoso insulta ele.

Os casos de sequestro da conta do WhatsApp cresceram na taxa de 30% ao ano em 2020.

Como o criminoso ganha muito dinheiro com a larga escala dos ataques virtuais ele prefere o universo virtual em relação ao presencial.

No mês de outubro 2020, a polícia civil do estado de São Paulo criou a Divisão de Crimes Cibernéticos (DCCIBER) para combater os crimes virtuais.

No golpe do perfil falso de hotel e restaurante, o usuário recebe uma mensagem falsa do perfil falso do estabelecimento comercial em uma rede social informando, por exemplo, que ele ganhou um jantar no restaurante, porque a casa está comemorando o aniversário dela.

A vítima recebe tantos detalhes, que ela acredita que a promoção falsa é verdadeira.

Quando a vítima clica no link enviado e envia o código recebido por SMS, a sua conta de WhatsApp é sequestrada e os golpistas enviam mensagens para os contatos da vítima solicitando dinheiro (empréstimo, transferência bancária etc.).

Existem pessoas que perderam quase dois mil reais neste tipo de golpe.

Quando o real dono do estabelecimento comercial percebe que o perfil falso está enganando as pessoas e denegrindo a reputação da sua casa ele envia uma denúncia para a rede social.

O problema é que nem sempre a denúncia do dono do estabelecimento é aceita pela rede social.

Neste caso, os golpistas conseguem manter o perfil falso por vários meses.

O dono do estabelecimento deve fazer a denúncia e registrar um boletim de ocorrência na polícia.

Infelizmente apenas uns poucos endereços de internet foram bloqueados por uso indevido de uma marca.

Apesar das regras das redes sociais afirmarem que fingir ser uma outra pessoa, marca ou negócio viola as diretrizes da comunidade e causa o bloqueio do perfil são raros os casos em que este procedimento foi realizado.

Durante o ano de 2020, foram criadas diversas contas falsas nas redes sociais de hotéis, pousadas e restaurantes.

Em todos os casos, o estratagema adotado pelo perfil falso foi o mesmo.

O criminoso envia mensagens de promoções falsas para os usuários e solicita o envio de código recebido por SMS.

Apesar das diversas denúncias, ainda hoje existem perfis falsos que não foram bloqueados.

Para enganar as vítimas, os golpistas copiavam do perfil verdadeiro todas as postagens.

Existem casos em que o estabelecimento comercial perdeu tanta credibilidade que as pessoas passaram a duvidar da sua existência.

Para evitar o problema de clonagem, os estabelecimentos comerciais devem mudar a foto do perfil com elevada frequência e devem fazer postagens diariamente.

Neste caso, o criminoso precisa gastar muito tempo para clonar a conta do estabelecimento comercial e isto acaba inviabilizando o golpe.

A reputação do estabelecimento comercial é impactada pelo golpe, pois os golpistas prometem diárias e refeições grátis para muitas pessoas.

Em diversos casos, o faturamento do restaurante ou hotel caiu dramaticamente por causa da perda da credibilidade.

Existem casos em que os golpistas invadiram os computadores do estabelecimento comercial e capturaram a lista de amigos e clientes.

Eles enviaram as promoções grátis para esta lista e a credibilidade do estabelecimento ficou fortemente abalada, pois os clientes entenderam que foram enganados pelo hotel ou restaurante.

As denúncias enviadas pelos donos dos estabelecimentos comerciais não foram aceitas pelas redes sociais e os perfis falsos não foram bloqueados.

Por causa disto, os fraudadores estão agindo em todos os estados do Brasil e hoje em dia apenas uma pequena minoria de hotéis e restaurantes não foram vítimas da clonagem do perfil na rede social.

Hotéis famosos no estado de São Paulo já foram alvos de mais de cinco perfis falsos no Instagram.

As redes sociais respondem as denúncias dizendo os perfis falsos não ferem as suas diretrizes.

Os proprietários dos estabelecimentos estão gastando uma boa parte do seu dia de trabalho relatando e denunciando perfis clonados do seu estabelecimento nas redes sociais.

O empreendedor honesto está tendo a imagem do seu negócio prejudicada por esse tipo de golpe.

Os criminosos usam a logomarca dos estabelecimentos nos perfis e com isto estão afastando os clientes potenciais.

Muitas pessoas deixaram de seguir o perfil do estabelecimento comercial.

Infelizmente os boletins de ocorrência e as denúncias sobre os perfis falsos nas redes sociais não estão sendo o suficiente para bloquear as contas falsas nas redes sociais.

Todo o trabalho e investimento de comunicação realizado pelo estabelecimento é perdido pela perda da credibilidade causada pelas promoções falsas.

Os donos dos estabelecimentos, também estão denunciando os perfis falsos junto ao Procon.

O problema é que a instituição também está sendo alvo dos criminosos.

Em novembro de 2020 existiam dez perfis falsos do Procon.

As redes sociais foram notificadas do problema pelo Procon.

A instituição solicitou o bloqueio imediato de todos os perfis falsos que estão usando indevidamente o seu nome e marca.

O Procon também solicitou a adoção de protocolos de segurança para impedir a criação de contas falsas.

O modus operante dos fraudadores é acessar o perfil oficial do Procon-SP e procurar os consumidores que fizeram comentários, reclamações etc. para solicitar os dados pessoais deles.

Com as informações de nome e telefone, o golpista envia um link via SMS para sequestrar a conta de WhatsApp da vítima.

No ano de 2020. as reclamações de golpes pela internet aumentaram em mais de 100%.

A negligência em relação ao controle dos perfis pelas redes sociais está favorecendo a atuação das quadrilhas que perpetram golpes digitais usando o perfil do Procon.

Mais de 99% dos casos de golpes digitais acontecem via engenharia social.

Não é uma ação que exige uma técnica sofisticada e conhecimento profundo da tecnologia.

Basicamente o criminoso se passa por uma empresa para enganar a sua vítima.

Os nomes nos perfis falsos costumam ser muito parecidos com os nomes usados nas contas oficiais.

Os criminosos usam nomes com underline no final ou com letras dobradas para parecer com o nome oficial da conta.

Para não cair no golpe do perfil falso, nunca confie nas contas que não são públicas.

É raro uma empresa criar um perfil privado que exige autorização para ser seguido.

Os perfis das grandes empresas, organizações ou pessoas públicas são em geral verificados e tem uma marcação especial ao lado do nome.

Não acredite nas ofertas de produtos ou serviços com preços muito abaixo dos valores de mercado.

Desconfie das promoções milagrosas. As empresas precisam gerar lucro, por isto elas não dão gratuidades.

As falsas promoções seguem o seguinte padrão: sorteio de diárias em hotéis ou refeições grátis em restaurantes.

Olhe com atenção a linguagem usada.

Erros graves de linguagem em geral indicam golpes. Por exemplo, "você está concorrendo 5 dias de estadia grátis".

Uma característica comum do golpe do sequestro da conta do WhatsApp é a solicitação para os contatos da vítima de transferência de dinheiro para uma conta bancária que não é do solicitante.

Muitos golpistas dizem que a conta é do advogado dele.

Os golpistas trabalham com contas em diferentes bancos para agilizar o depósito e a sua retirada.

Sempre verifique a data da criação do perfil, a quantidade de publicações e de seguidores, pois os perfis falsos têm menos publicações e seguidores do que os perfis oficiais.

Nunca envie senha ou outro dado pessoal através de mensagem recebida via e-mail ou SMS.

Sempre que receber um e-mail com informação não solicitada contate o SAC da empresa.

Ative a verificação em duas etapas do login das redes sociais (senha e código enviado por aplicativo autenticador. Não use como segunda etapa o recebimento de um código por SMS, pois o seu número de celular pode ser transferido para um chip que está nas mãos dos criminosos).

Faça sempre um boletim de ocorrência caso caia em um golpe digital ou tenha o perfil do seu negócio clonado.

14. *Golpe do aluguel falso*

Fonte:

https://economia.uol.com.br/noticias/redacao/2020/11/26/ dicas-contra-golpes-alugar-casas-temporada-praia.htm, Achou uma casa na praia por um terço do aluguel? Cuidado, pode ser golpe, acessado em 04/04/2021.

Foi revelado, em novembro de 2020, que a diária de uma casa de 400 m² de frente para a praia de Bombinhas é 4 e 5 mil reais.

Nas plataformas de locação de imóveis é possível encontrar casas parecidas por cerca de R$ 2 mil.

Não é uma pechincha. É um golpe.

Na alta temporada, os criminosos publicam ofertas falsas nas plataformas de locação de imóveis na praia.

A farsa é tão bem engendrada que a maioria dos golpistas enviam contratos para as pessoas (os contratos obviamente são falsos).

Os criminosos são bastante criativos na arte de capturar dados pessoais das pessoas.

Para não cair no golpe do aluguel falso, verifique sempre se o imóvel e o proprietário são reais, ou seja, se eles existem no mundo presencial.

Use o Google Maps para comparar se as fotos do imóvel publicadas no anúncio são verdadeiras.

Sempre investigue o anunciante (imobiliária ou pessoa física). Ele precisa existir no universo presencial.

Se for anúncio de uma imobiliária, verifique se ela é credenciada no Conselho Regional de Corretores do estado.

Sempre converse com o proprietário do imóvel e peça uma prova física da sua existência. Pode ser a conta de luz, água, telefone fixo, IPTU etc.

Nunca deposite o adiantamento na conta de um terceiro.

O contrato de locação do imóvel deve ser feito mesmo no caso de curto período de permanência.

O contrato é o documento que descreve as características do imóvel, as obrigações e direitos das partes e a relação comercial entre o inquilino e locatário.

Antes de transferir dinheiro para o dono do imóvel, verifique se a conta bancária destino é da imobiliária ou do proprietário.

Preços fora da realidade não são pechinchas, são golpes.

Desconfie dos imóveis com diárias muito baratas em relação as outras casas da região.

Ligue para as imobiliárias da cidade, converse com pessoas que já alugaram imóveis na região e verifique os preços dos imóveis disponíveis nas plataformas de locação de imóveis.

As plataformas têm sistemas e equipes dedicadas com exclusividade para a análise de fraudes.

No entanto, o trabalho realizado não é perfeito e existem diversos anúncios fraudulentos nestas plataformas digitais.

Quando um anúncio é classificado como suspeito ele é tirado imediatamente da plataforma.

Sempre verifique as avaliações das pessoas para o imóvel antes de assinar o contrato de locação.

Evite usar as plataformas que não permitem comentários das outras pessoas.

Use plataformas em que as avaliações são feitas pelas pessoas que alugaram os imóveis e que tem equipes de verificação de fraudes.

As plataformas de locação de imóveis alegam que não tem responsabilidade no caso de golpes, pois os anunciantes são responsáveis pelos anúncios publicados.

As plataformas afirmam que são apenas um portal de aproximação entre as partes envolvidas, por isto elas recomendam que as vítimas de golpes acionem a polícia.

As plataformas fornecem para as autoridades todas as informações exigidas pela legislação vigente.

O papel das plataformas é disponibilizar um local de encontro em que os proprietários anunciam os imóveis e os clientes encontram os produtos e serviços que desejam.

A negociação da locação do imóvel é realizada fora da plataforma, ou seja, o portal não faz a intermediação ou participa das transações.

As transações são sempre realizadas diretamente entre os usuários.

As plataformas padrão classe mundial adotam protocolos bem definidos para assegurar que os anúncios são reais.

Todos os anúncios são verificados pelas equipes de segurança de serviços e de atendimento.

Estas equipes verificam os imóveis antes que eles possam anunciar na plataforma.

A equipe de segurança digital monitora, detecta e bloqueia atividades suspeitas 24 horas por dia.

No caso de existirem dúvidas ou preocupações sobre um imóvel, a equipe de segurança investiga o que está acontecendo e age imediatamente no sentido de bloquear o anúncio.

O Procon afirma que no caso de golpes, a vítima pode alegar que existe responsabilidade solidária por parte das plataformas.

O Código de Defesa do Consumidor diz que a responsabilidade solidária é quando mais de um fornecedor responde por um dano.

Até o momento, a justiça brasileira entende que as plataformas são um elo de aproximação entre o locador e o locatário, por isso as pessoas têm que tomar cuidado na hora de alugar um imóvel.

A vítima do golpe do imóvel deve registrar imediatamente um boletim de ocorrência.

15. *Golpe do pecúlio falso*

Fonte:

https://tudogolpe.blogosfera.uol.com.br/2019/10/23/mais-um-golpe-contra-os-aposentados/, Mais um golpe contra os aposentados, acessado em 04/04/2021.

Foi revelado, em outubro de 2019, o golpe do pecúlio.

O pecúlio é um benefício pago para o aposentado.

O valor do benefício mensal é uma parcela do total das contribuições realizadas (os valores das contribuições são reajustados com base no índice de correção da caderneta de poupança).

O pecúlio foi extinto em 1994. No entanto, em 2020 ainda existem casos de pessoas que contribuíram até a data da extinção e se aposentaram posteriormente.

O benefício pode ser solicitado pelos dependentes e sucessores do contribuinte em caso de morte ou invalidez do aposentado.

O golpe do pecúlio vem sendo aplicado por várias décadas.

O golpista envia uma carta para o aposentado com timbre falso do Tribunal de Justiça Estadual dizendo que ela tem um saldo a receber do pecúlio.

Na carta, o criminoso diz os contribuintes dos pecúlios da Capemi, Ipesp, Montepio, Mongeral, Caixa Geral S/A Seguradora, Montepio Mongeral da Família Militar etc. têm direito aos benefícios das contribuições realizadas para as empresas de previdência privada.

O golpista também diz na carta que para receber os valores dos benefícios é preciso depositar o valor das custas judiciais.

É importante observar algumas características físicas da correspondência

A carta em geral é impressa em uma impressora colorida jato de tinta, é postada na cidade de São Paulo e os remetentes são, em geral, as seguintes entidades:

- Federação Nacional de Previdência Privada
- Associação Securitária de Pecúlio e Pensão
- Associação dos Funcionários Públicos, Aposentados e Pensionistas
- Associação Brasileira de Fundos de Previdência

O golpista quer que o aposentado acredite que a carta é uma notificação judicial assinada pelo diretor financeiro ou jurídico. Na carta o golpista revela o valor dos créditos para o beneficiário e os custos da ação indenizatória.

Para aumentar credibilidade e segurança da sua narrativa, o golpista escreve na carta o número falso do telefone do Tribunal de Justiça e o número falso de ofício.

Alguns golpistas se identificam como membros das forças armadas ou do superior tribunal militar.

Nas cartas, os golpistas informam os valores que serão resgatados dos fundos previdenciários da GBOEX, Capemi, Montepio da Família Militar, Montepio Nacional Brasileiro e Associação da Família Militar etc.

Quando as vítimas ligam para o número telefônico da correspondência eles são bem atendidos pelos criminosos que as pressionam para que elas façam o deposito das custas o mais rápido possível, pois o prazo para receber os créditos está se esgotando. Os golpistas também solicitam na ligação diversos dados pessoais das suas vítimas.

Eles usarão estas informações pessoais nos próximos golpes.

Existem casos, em que os golpistas solicitaram novos depósitos depois que a vítima fez o primeiro deposito.

Eles ligam para os aposentados e falam que calcularam a correção monetária dos valores e existem diferenças.

Eles apresentam os novos valores e solicitam um novo deposito.

Para não cair no golpe do pecúlio é muito importante saber que nenhum tribunal de justiça envia este tipo de comunicação e nenhum advogado liga e pede dinheiro.

Dificilmente o poder judiciário envia uma carta colorida impressa em uma impressora de jato de tinta, por causa do seu custo elevado.
É também importante destacar que as custas de um processo judicial são muito menores que os valores solicitados pelos golpistas.

Se receber uma carta como esta, sempre consulte o site do Tribunal de Justiça do seu estado ou um advogado de confiança antes de ligar para o número de telefone da carta.

Nunca deposite dinheiro na conta de um desconhecido.

Não assine procurações ou documentos sem consultar antes um advogado de confiança.

Os aposentadas por idade ou tempo de contribuição antes de 15/04/1994 que voltaram ao trabalho e contribuíram para o INSS e os aposentados por invalidez que voltaram ao trabalho e contribuíram para o INSS ou faleceram por acidente de trabalho até 20/11/1995 têm direito à devolução das contribuições feitas.

Caso seja o seu caso, procure no site do INSS as informações sobre Solicitar Pecúlio (Solicitar Pecúlio, **https://www.gov.br/ pt-br/servicos/solicitar-peculio**, acessado em 04/04/2021).

O atendimento para estes casos não é presencial, ou seja, não é necessário ir até uma agência do INSS.

Quem se aposentou por idade ou por tempo de contribuição antes de 15/04/1994 e voltou ao trabalho e contribuiu para o INSS pode pedir a devolução das contribuições.

Serão devolvidas as contribuições até 15/04/1994, desde que eles não tenham sido utilizados para contagem e recebimento da aposentadoria.

Os aposentados por invalidez que voltaram ao trabalho e contribuíram para o INSS e os dependentes e sucessores dos falecidos por acidente de trabalho até 20/11/1995 também podem pedir a devolução das contribuições.

Os aposentados, dependentes e sucessores tem direito de receber a devolução das contribuições realizadas até 20/11/1995 desde que elas não tenham sido utilizadas para aposentadoria ou pensão por morte.

O INSS solicita no caso da nomeação de um procurador, a procuração ou termo de representação legal, um documento de identificação com foto e o CPF do procurador ou representante e os documentos das contribuições previdenciárias (relação de salários de contribuição emitida pelo empregador, carteira de trabalho e previdência social, carnês etc.).

Se a solicitação for feita por um dependente do aposentado, o solicitante deve apresentar a comprovação desta dependência.

16. *Golpe da venda falsa*

Fonte 1:

https://www1.folha.uol.com.br/colunas/
marciadessen/2019/10/golpes-envolvem-o-nome-do-
bc.shtml, Golpes envolvem o nome do BC, acessado em
04/04/2021.

Fonte 2:

https://economia.uol.com.br/noticias/redacao/2021/02/05/
golpe-de-falso-leilao-gera-prejuizo-de-r-55-mil-vereador-
perde-r-17-mil.htm, Golpe de falso leilão gera prejuízo de até R$
55 mil; vereador foi vítima, acessado em 04/04/2021.

Foi revelado, em outubro de 2019, que os golpistas oferecem
empréstimos, financiamentos e produtos vantajosos para as
suas vítimas.

Eles também ameaçam as vítimas usando motivos falsos.

No golpe da venda de um empréstimo falso, o golpista diz que
é um representante de uma instituição financeira e oferece um
empréstimo em condições bastante favoráveis.

O criminoso exige a realização de um pagamento para liberar o
empréstimo.

As instituições autorizadas pelo Banco Central não exigem pagamentos antecipados para liberar um empréstimo.

As ofertas vantajosas que não exigem garantias (avalistas ou fia-
dores) e que não consultam os cadastros em geral são falsas.

Nunca faça um deposito em conta de pessoa física para obter um
empréstimo.

Não faça negócios com pessoas e empresas desconhecidas.

Sempre verifique se a instituição que ofereceu o empréstimo, financiamento ou consórcio é autorizada pelo Banco Central.

Na versão deste golpe na modalidade loja virtual, o criminoso oferece produtos e serviços com preços super vantajosos.

Em uma outra versão do golpe, o criminoso diz que é um leiloeiro e oferece produtos com preços muito abaixo do mercado.

Nos dois casos, o golpista usa a sua lábia para convencer a vítima de que é uma oferta irrecusável.

A vítima que cai na lábia do golpista, faz uma transferência de dinheiro para o criminoso (falso vendedor ou leiloeiro) e não recebe os produtos prometidos.

Na versão boleto falso do golpe da venda, os criminosos emitem um boleto com códigos de barra verdadeiro, mas com informações falsas sobre o beneficiário.

No boleto aparece os dados de uma empresa, mas o destinatário codificado no código de barros é o criminoso.

Para não cair na lábia dos golpistas tenha sempre em mente:

- Não acredite em preços muito abaixo dos praticados pelo mercado

- Verifique sempre se a loja ou a empresa de leilão existem e operam normalmente

- Consulte se as empresas têm reclamações registradas nos sites especializados

- Antes de autorizar o pagamento do boleto verifique se o nome do beneficiário é a pessoa ou empresa do vendedor

Na versão cartão de crédito do golpe da venda falsa, o criminoso emite sem autorização um cartão de crédito em nome da vítima e o utiliza para realizar compras.

Para localizar a instituição que emitiu o cartão de crédito sem a solicitação e autorização do titular é preciso consultar ou o Sistema de Informações de Crédito (SCR) do Banco Central (informa todos os empréstimos e cartões de crédito que a pessoa contratou com as instituições financeiras) ou o Cadastro de Clientes do Sistema Financeiro Nacional (CCS) do BC (lista as instituições onde a pessoa tem conta corrente ou poupança com data de início e fim do relacionamento com a instituição).

Estes dois relatórios podem ser obtidos via Registrato do internet banking ou via atendimento presencial em Brasília ou via correspondência.

17. _Golpes usando o nome do Banco Central_

Fonte:

https://www.bcb.gov.br/acessoinformacao/ perguntasfrequentes-respostas/faq_golpe, Alerta contra golpes envolvendo o nome do Banco Central e de instituições financeiras, acessado em 04/04/2021.

Foi revelado, em dezembro de 2020, que no golpe da cobrança de dívidas versão Banco Central, o criminoso diz que é um representante de uma instituição financeira ou do Banco Central (BC) e cobra uma dívida em atraso.

O BC alerta que não cobra dívidas em atraso de operações de empréstimos, financiamentos e outras operações de crédito.

Caso receba a cobrança de uma dívida solicite sempre os documentos de comprovação da origem da dívida junto a empresa de cobrança ou instituição financeira credora antes de fazer qualquer tipo de pagamento.

No golpe mensagens falsas versão Banco Central, o criminoso envia mensagens, cartas e e-mails com a logomarca do Banco Central assinados por alguns diretores da empresa com arquivos anexos, links, instruções e/ou formulários.

O BC recomenda que as pessoas, não abram arquivos ou link anexos enviados por desconhecidos e não enviem informações para e-mails enviados por desconhecidos.

O BC não solicita senhas, dados bancários ou informações pessoais.

O Banco Central não faz cadastramento ou recadastramento das pessoas nos sistemas bancários.

O BC não envia mensagens SMS ou de Whatsapp.

Caso receba uma comunicação do Banco Central confirme a sua veracidade no telefone 145 ou no fale conosco.

Os golpistas usam nas mensagens os seguintes termos e artifícios para dar credibilidade ao golpe e enganar as suas vítimas:

- Resgate
- Aceitação de valor
- Carta padrão de crédito
- Notas promissórias
- Títulos de indenização
- Compensação de obrigações
- Carta de crédito
- Garantia
- Certidão conjunta de valor atualizado
- Certificado de repactuação
- Declaração de autenticidade
- Autorização para transporte de ativo financeiro
- Vocabulário jurídico
- Vocabulário financeiro
- Nomes de autoridades
- Carimbos
- Reconhecimentos de firma para dar credibilidade ao golpe.

No golpe das doações e prêmios, o criminoso promete um determinado valor em moeda estrangeira decorrente de um prêmio, doação ou herança etc.

O golpista diz que é necessário o envio prévio de uma determinada quantia para o exterior para que a vítima receba o prêmio, herança, doação etc.

O BC recomenda não enviar qualquer valor para o exterior para receber um prêmio, doação, herança etc.

No golpe número de telefone falso da Central de Atendimento do Banco Central, o criminoso liga para a vítima e diz que é do Banco Central e solicita uma transferência de dinheiro.

O BC afirma que só liga para as pessoas que registraram pedido de informação ou de reclamação.

Não acredite nas ligações de pessoas que dizem ser funcionários do Banco Central caso não tenha registrado um pedido de informação ou reclamação.

A ligação recebida só pode tratar da solicitação ou reclamação registrada.

Em caso de dúvida sobre uma ligação recebida do BC ligue para o 145 ou use o atendimento do fale conosco ou use o atendimento presencial.

No golpe mensagem SWIFT e títulos falsos, o criminoso diz que existe uma conta no Banco Central que pode ser acessada por apresentação de documentação ou via mensagens SWIFT (padrão internacional de comunicação entre instituições financeiras) ou que existem títulos e documentos de Letras do Tesouro Nacional (LTNs) que podem ser utilizados como garantia de operações financeiras.

Para dar credibilidade ao golpe, os criminosos citam números de normas ou nomes de departamentos, diretores e servidores do Banco Central e de outros órgãos públicos nas suas mensagens.

O Banco Central afirma que não entra em contato com as pessoas e empresas para tratar desses assuntos.

As transações realizadas por mensagens SWIFT são realizadas por canal próprio de comunicação entre as instituições bancárias e não são utilizadas pelo BC para reconhecer crédito ou dar garantias.

O BC não emite títulos da dívida pública.

Todos os títulos são emitidos pelo Tesouro Nacional e são negociados e custodiados eletronicamente. Eles não existem no formato papel.

Os documentos apresentados nos golpes não são títulos da dívida do Banco Central ou do governo brasileiro.

A Secretaria do Tesouro Nacional não reconhece a autenticidade das LTNs "roxa", "azul", "verde" ou de qualquer outra cor.

Sempre verifique junto ao Banco Central a autenticidade dos documentos e das informações.

Sempre fale com o BC usando o canal de atendimento pela internet ou os canais do fale conosco.

No golpe prefeituras, o criminoso diz que é um funcionário do Banco Central e entra em contato para cobrar débitos decorrentes de processos judiciais e solicita a realização dos depósitos judiciais para evitar o imediato bloqueio das contas do município.

O Banco Central afirma que apenas os juízes e os tribunais podem determinar o bloqueio ou o desbloqueio de valores e das contas bancárias.

Os servidores do BC não podem impedir o cumprimento das ordens judiciais que são enviadas para as instituições financeiras.

O Banco Central não entra em contato com as prefeituras sobre a cobrança de débitos decorrentes de processos judiciais.

Caso uma prefeitura receba este tipo de contato, ela deve entender que está sendo vítima de um golpe.

Neste caso, ela deve contatar o órgão do poder judiciário emissor da ordem e acionar imediatamente as autoridades policiais competentes.

18.   *Golpe do caixa eletrônico*

Fonte:

http://www1.folha.uol.com.br/mercado/2014/09/1508845-saiba-como-evitar-golpe-em-caixa-eletronico.shtml,   Saiba como evitar golpe em caixa eletrônico, acessado em 04/04/2021.

Foi revelado, em setembro de 2014, que entre 2003 e 2013, o investimento na segurança dos caixas eletrônicos e internet banking cresceu 200%.

A Federação Brasileira de Bancos (Febraban) informou que o investimento na segurança dos caixas eletrônicos e do internet banking em 2014 foi de R$ 9 bilhões.

Para não cair nos golpes nos caixas eletrônicos é preciso tomas os seguintes cuidados:

- Nunca fornecer a sua senha para terceiros

- Nunca guardar a senha junto com o cartão do banco

- Quando escrever a sua senha em um papel, escreva no sentido vertical ou de trás para diante

- Sempre recuse a ajuda de desconhecidos nos caixas eletrônicos

- Use apenas os caixas eletrônicos localizados nos lugares movimentados

- Nunca use um caixa eletrônico com a tela avariada

Os golpes mais comuns do caixa eletrônico estão relacionados com o roubo da senha e com a clonagem do cartão.

Os criminosos instalam painéis falsos nos caixas eletrônicos que imitam um monitor com teclado, leitor de cartão e código de barras etc. para roubar os dados da sua vítima.

Os golpistas também instalam telefones ao lado dos caixas para que a vítima pense que está falando com a central de atendimento do banco.

Na realidade ela está sendo atendida pela central de atendimento da organização criminosa.

Este é o motivo pelo qual as pessoas devem observar as condições do caixa eletrônico antes de usá-lo.

Os caixas eletrônicos com avarias não devem ser utilizados.

Os golpistas também instalam no caixa eletrônico um dispositivo que funciona como uma tampa da gaveta que libera as notas.

Neste caso, a saída do dinheiro fica bloqueada.

O usuário acredita que o dinheiro não foi liberado, quando as notas ficaram apenas presas.

Os criminosos retiram o dispositivo posteriormente e roubam todas as notas que ficaram presas.

Para combater este tipo de golpe, os bancos desenvolveram sensores que identificam a existência de dispositivos estranhos nos caixas eletrônicos.

Os golpistas também instalam chupa-cabras para roubar as informações contidas no cartão do cliente.

Para roubar a senha, eles instalam microcâmeras acima do teclado.

Para não cair no golpe do caixa eletrônico, o cliente deve consultar com frequência o extrato da sua conta e avisar o banco no caso de uma movimentação fraudulenta.

Os criminosos também usam a técnica de "pescaria" (usam um

fio e fita adesiva encaixados na caixa que recebe os envelopes de depósito) para roubar o dinheiro das pessoas.

Quando o cliente faz o deposito, o papel fica retido e o criminoso consegue retirar o envelope.

Como neste caso o comprovante do depósito não é liberado, o cliente deve entrar imediatamente em contato com o banco.

Nas agências bancárias existem pessoas infiltradas para observar os clientes efetuando as suas operações.

Os idosos são o principal alvo dos criminosos.

O criminoso se aproxima de um idoso com dificuldades no uso do caixa eletrônico e oferece ajuda.

Ele na realidade está observando a senha e dados digitados.

O golpista usa a sua lábia para trocar o seu cartão com o do cliente, por isto sempre verifique se o cartão é o seu.

É recomendável fazer algum tipo de customização do cartão. Colar uma etiqueta, adesivo etc.

Outra coisa importante, se no local tiver apenas uma caixa funcionando e todos os outros danificados, isso pode significar que o caixa que está funcionando foi modificado roubar informações e dinheiro dos clientes.

Em geral, os criminosos danificam os outros caixas para que o cliente use apenas o caixa que foi fraudado.

Eles colocam um chiclete no leitor do cartão do banco para impedir a sua leitura e deixar o caixa fora de operação.

19.   *Golpe do perfil falso do WhatsApp*

Fonte:

https://tvefamosos.uol.com.br/noticias/redacao/2020/10/11/ adnet-e-vitima-de-golpe-no-whatsapp-registrarei-boletim-de-ocorrencia.htm, Adnet é vítima de golpe no WhatsApp: 'Registrarei boletim de ocorrência', acessado em 04/04/2021.

Foi revelado, em outubro de 2020, que o Marcelo Adnet informou aos seus seguidores das redes sociais que ele foi vítima de um golpe.

Ele disse que uma pessoa usando um número falso de São Paulo e uma foto dele está pedindo dinheiro para os seus contatos usando o seu nome.

Ele disse que iria registrar um boletim de ocorrência e não é para confiar nos pedidos de dinheiro vindos do perfil falso dele.

Também foi revelado que várias pessoas famosas foram vítimas de golpes similares.

Em julho de 2020, a Regina Casé e a Giovanna Lancelotti denunciaram golpes de criminosos que estavam usando um perfil falso delas no WhatsApp.

Foi dito, em outubro de 2020, que a Gabriela Duarte também foi vítima do golpe do perfil falso.

A Vera Gimenez, mãe de Luciana Gimenez, perdeu R$ 50 mil no golpe do perfil falso do Whatsapp.

A Vera recebeu diversas mensagens do perfil falso da sua filha (Luciana Gimenez) pedindo dinheiro.

Ela fez um primeiro depósito e logo em seguida foi solicitado um segundo e um terceiro.

A mãe de Luciana Gimenez enviou cinquenta mil reais para os golpistas.

20. *Golpe da pesquisa falsa*

Fonte:

https://www.uol.com.br/tilt/noticias/redacao/2020/05/28/golpe-finge-ser-datafolha-para-clonar-whatsapp-veja-como-se-proteger.htm, Golpe finge ser Datafolha para clonar WhatsApp; veja como se proteger, acessado em 04/04/2021.

Foi revelado, em maio de 2020, que o golpe do Datafolha foi usado pelos criminosos para sequestrar a conta de WhatsApp das suas vítimas.

Os criminosos enviam um questionário sobre a Covid-19 por WhatsApp.

Em seguida, o golpista entra em contato com a sua vítima fingindo ser um funcionário do Datafolha.

O golpista faz diversas perguntas sobre a Covid-19 e pergunta também se alguém da família teve os sintomas.
A linguagem usada pelo criminoso é técnica e no final da pesquisa ele informa para a sua vítima que para confirmar a realização da pesquisa foi enviado um código de seis dígitos via SMS.

Neste instante ele pede para a vítima informar o código enviado.

Imediatamente a conta de WhatsApp da vítima é sequestrada.

O código enviado para o celular da vítima é na realidade o código de ativação da sua conta do WhatsApp.

São os seis dígitos enviados para o celular durante o processo de instalação e autenticação do aplicativo do WhatsApp.

Como a conta do WhatsApp só funciona em um aparelho telefônico por vez, o criminoso consegue sequestrar a conta WhatsApp da vítima. O WhatsApp Web também.

O criminoso usa o código enviado por SMS para ativar a conta de WhatsApp da vítima no seu celular.

O Instituto Datafolha informou que está realizado as pesquisas por telefone e que todas as informações são coletadas durante o contato telefônico.

Não são enviadas mensagens automáticas e o Instituto Datafolha não usa robôs.

As pesquisas do Instituto Datafolha não necessitam de mensagens de confirmação, portanto nunca são enviados códigos via SMS para o celular do entrevistado.

Este tipo de golpe durante a pandemia do novo coronavírus é de difícil detecção pela vítima, pois diversas pesquisas estão sendo realizadas por telefone ou internet.

As pessoas não têm como verificar se uma pesquisa é real.

Os institutos de pesquisa deveriam criar uma ferramenta que validasse em tempo real a pesquisa.

Os golpistas estão aproveitando o momento da pandemia para atacar em massa as suas vítimas.

Existem atualmente diversas versões dos golpes para sequestrar a conta do WhatsApp.

Em alguns casos são enviados convites de famosos para festas, em outros é solicitada a confirmação para receber o auxílio emergencial etc.

Na prática, os golpistas usam uma única estratégia.

Eles enviam mensagens para as suas vítimas e pedem para que elas confirmem o contato recebido informando o código enviado via SMS.

Apesar da grande quantidade de avisos, as pessoas ainda estão caindo em massa neste golpe.

A isca usada para fisgar a vítima é sempre uma notícia nova que chame a atenção.

O sucesso do golpe depende apenas da lábia do criminoso.

Ele não precisa ter conhecimento técnico alguma para perpetrar o crime.

Ele precisa apenas conversar e convencer a sua vítima de que a isca usada é real.

Para identificar se está sendo vítima de um golpe, a pessoa precisa apenas ler a mensagem que chegou por SMS.

A mensagem de ativação do WhatsApp é bastante clara.

Ela informa no corpo da mensagem que é um código para a autenticação do WhatsApp.

Após sequestrar a conta do WhatsApp da sua vítima, os criminosos entram em contato com os contatos da vítima para pedir dinheiro.

O principal alvo deles são os parentes e amigos próximos da vítima.

Para não cair no golpe do Datafolha basta ativar a autenticação de dois fatores da sua conta do WhatsApp.

Esta autenticação cria uma senha de seis dígitos que deve ser validada periodicamente pelo usuário.

Se você caiu no golpe do Datafolha e informou o código de ativação do WhatsApp enviado via SMS é possível que a sorte lhe seja favorável.

Instale o aplicativo o mais rápido possível, caso o golpista não tenha ativado a autenticação de dois fatores você receberá via SMS o código de ativação e poderá recuperar a sua conta.

Caso não tenha sorte de ter se deparado com um golpista despreparado, então não conseguirá recuperar a sua conta de WhatsApp de forma fácil.

Neste caso, informe aos seus familiares e amigos próximos sobre o ocorrido e avise eles para ignorar as mensagens enviadas pelo seu perfil de WhatsApp.

Em seguida e o mais breve possível, entre em contato com o WhatsApp e informe o ocorrido.

Envie um e-mail com a seguinte frase no assunto e corpo do texto: "Perdido/Roubado: Por favor, desative minha conta". Informe o seu telefone no formato internacional, ou seja, código do país, código de área e o número do telefone. O e-mail deve ser enviado para o endereço "support@whatsapp.com".

O mais breve possível faça também um boletim de ocorrência sobre o sequestro da sua conta do WhatsApp para que a polícia investigue o caso e prenda os criminosos.

Além do golpe do sequestro da conta do WhatsApp ainda está em curso o crime da clonagem do celular.

Neste caso, os criminosos ativam em um chip novo o número do telefone das suas vítimas e sequestram a conta do WhatsApp da vítima.

O próximo passo é solicitar dinheiro para os contatos da vítima usando como tema uma necessidade urgente ou algo bastante chamativo como a compra de remédio para um parente.

21. *Golpes que acontecem durante o carnaval*

Fonte:

https://economia.uol.com.br/noticias/redacao/2020/02/14/golpe-cartao-maquininha-celular-no-carnaval-dicas-para-evitar.htm, Troca de cartão, valor errado, app do banco: evite golpes durante Carnaval, acessado em 04/04/2021.

Foi revelado, em fevereiro de 2020, que diversos golpes aconteceram durante o Carnaval.

O roubo do celular com app do banco é um dos golpes mais frequentes no carnaval.

As pessoas não devem prestar atenção apenas no seu cartão do banco e de crédito e nas maquininhas de cartão de crédito e débito.

O telefone celular armazena diversas informações e é uma fonte de risco financeiro, pois muitas pessoas salvam as senhas no aplicativo do banco.

Após o roubo do celular, em geral a vítima liga para a empresa de telefonia e de cartão de crédito, mas não lembra de ligar também para o banco.

É muito importante que a pessoa entre em contato com o banco para comunicar o roubo do celular o mais rápido possível, pois aquele equipamento e chip foi configurado no sistema do banco para realizar transações bancárias.

Somente neste caso, a instituição financeira consegue bloquear a conta e impedir que os criminosos realizem operações financeiras usando a conta corrente da vítima.

A troca do cartão do banco e de crédito por um outro é outro golpe comum no carnaval.

O golpista disfarçado de vendedor ambulante entrega uma maquininha falsa para o cliente digitar a sua senha.

Neste momento ele captura os números que que foram digitados.

Em seguida ele usa a sua lábia para trocar o cartão do consumidor, por isto é muito importante que as pessoas personalizem os seus cartões.

As pessoas podem por exemplo, colar um adesivo grande no cartão ou uma etiqueta de cor bem chamativa.

O roubo da senha é outra modalidade de crime comum no carnaval.

O golpista pede para o cliente digitar a sua senha quando ele deveria digitar o valor da compra.

Os números da senha ficam visíveis para o golpista e eles os usam para perpetrar novos golpes.

Outro golpe frequente é o criminoso digitar na maquininha um valor errado da compra.

O folião que bebeu além da conta no carnaval acaba pagando R$ 200, R$ 1.000 ou até R$ 10.000 por uma compra de R$ 20.

Outro golpe frequente no carnaval são as páginas de sites, e-mails e SMS falsos.

As vítimas recebem ligações e avisos falsos de bancos e operadoras de cartão de crédito.

Em geral são ligações ou mensagens solicitando a atualização dos dados da pessoa.

É muito importante que as pessoas nunca forneçam as suas senhas ou códigos de acesso ou de validação para transações digitais (chave de segurança ou token) para desconhecidos.

Para não cair em golpes durante o carnaval as pessoas não devem emprestar ou entregar o seu cartão para terceiros.

Nunca perca de vista os seus cartões.

Antes de sair de casa, personalize o seu cartão usando adesivos de cores chamativas.

Esta prática simples evita que um golpista troque o seu cartão sem você perceber.

Sempre que pagar alguma coisa com o seu cartão, fique atento.

Confira o valor e tome cuidado para que ninguém veja a sua senha.

Quando finalizar a compra e pegar o cartão de volta, verifique se é o seu nome que está nele.

Sempre peça a sua via do comprovante de venda e confira o valor impresso.

Sempre que possível, passe você mesmo o cartão na maquininha.

Faça o cadastro para receber avisos por SMS ou e-mail a cada transação realizada com seu cartão.

É possível desta forma identificar com rapidez as fraudes.

Nunca guarde a senha junto com o cartão.

Se escrever a senha em um pedaço de papel use algum tipo de codificação. Por exemplo, escreva a senha em duas colunas verticais.

No caso de perda ou roubo este procedimento evita ou inibe o uso indevido do seu cartão.

No pior caso, você ganha preciosos minutos para bloquear o seu cartão.

Os esbarrões ou encontros acidentais são usados nas festas para desviar a sua atenção e fazer com que você perca de vista temporariamente o seu cartão.

Neste caso, verifique se o cartão devolvido é o seu.

Se não for, ligue imediatamente para o banco e solicite o cancelamento ou bloqueio.

Sempre retire o chip do cartão quando destruir ele.

Quebre o chip em várias partes.

Destrua também o plástico do cartão.

No caso de roubo, perda ou extravio do cartão, ligue imediatamente para a o seu banco e solicite o cancelamento ou bloqueio do cartão.

No caso de roubo, registre um boletim de ocorrência.

A vítima de um golpe deve fazer um boletim de ocorrência e informar o banco e operadora do cartão de crédito por meio do serviço de atendimento ao consumidor.

Informe os detalhes da transação indevida (data e valor).

A instituição financeira tem cinco dias úteis para responder sobre a devolução do dinheiro.

Se o banco não resolver a situação ou não responder, a vítima deve registrar uma queixa na ouvidoria da instituição e fazer uma reclamação junto ao Banco Central.

Também é importante acionar a Justiça e uma ou mais entidades de defesa do consumidor.

É muito importante que as pessoas tenham ciência de que o dinheiro nem sempre é devolvido pelos bancos.

As instituições financeiras têm a obrigação de oferecer meios seguros para o acesso aos serviços bancários, mas a senha do cliente é pessoal e intransferível.

As pessoas têm que cuidar das suas senhas para evitar os golpes e fraudes.

Os bancos em geral alegam que não têm responsabilidade objetiva, ou seja, não são responsáveis pelos golpes sofridos pelas vítimas.

Em diversos casos o consumidor fica no prejuízo porque o dinheiro roubado não é devolvido.

O Superior Tribunal de Justiça tem dado ganho de causa aos bancos nos processos em que fica comprovado que os golpistas usaram a senha dos clientes e os cartões com chip.

Os magistrados afirmam nas suas decisões que a negligência ou desleixo dos correntistas com os cartões e senhas não é responsabilidade do banco.

Fonte:

https://economia.uol.com.br/noticias/redacao/2021/01/15/golpe-pix-whatsapp-fraude.htm, Golpe do WhatsApp entra na era Pix e fica mais difícil recuperar o dinheiro, acessado em 04/04/2021.

Foi revelado, em janeiro de 2021, uma nova versão do golpe do sequestro da conta do WhatsApp.

Nesta versão do golpe, os criminosos usam o PIX como meio de pagamento.

O Pix permite transferências rápidas de dinheiro em qualquer horário do dia.

Após o envio do dinheiro, a transferência não pode ser estornada.

Os golpistas exploram esta oportunidade e sacam o dinheiro rapidamente.
As vítimas têm pouco tempo para perceber que caíram em um golpe e solicitar o cancelamento da operação.

Após a retirada do dinheiro pelo criminoso, a vítima perde o dinheiro.

Os bancos não devolvem o dinheiro, pois a vítima autorizou a transferência.

Os bancos não têm obrigação legal de ressarcir a vítima do golpe.

Na justiça brasileira existem decisões que favorecem as instituições financeiras e os usuários dos bancos.

Quem caiu no golpe e transferiu dinheiro pelo Pix deve: (i) avisar imediatamente o banco para onde o dinheiro foi enviado; (ii) fazer um boletim de ocorrência e (iii) abrir uma reclamação junto ao Banco Central.

Como para fazer transferência via Pix, o sistema mostra o nome completo, o banco e um pedaço do CPF do destinatário (em alguns casos, a chave Pix é o CPF) e estas informações são salvas no comprovante virtual da transação é possível entrar em contato com o banco e solicitar o bloqueio da conta.

Com este procedimento é possível evitar que outras vítimas caiam no golpe.

Se o dinheiro ainda estiver na conta é possível recuperar o dinheiro que foi transferido.

É muito importante acionar o mais rápido possível o banco para onde o dinheiro foi enviado, pois alguns minutos fazem muita diferença.

O Banco Central afirmou que o Pix tem a facilidade de notificação de fraude onde os elementos chaves envolvidos na transação fraudulenta são marcados (CPFs, CNPJs e número das contas).

Estas informações são compartilhadas com as outras instituições financeiras que usam o sistema para impedir que os golpistas façam novas vítimas.
Não existe na legislação brasileira a obrigação do banco devolver o dinheiro de um golpe, por isto na maioria dos casos, as decisões da Justiça são favoráveis aos bancos.

O golpe é realizado em uma plataforma de mensagens que não é monitorada pelas instituições financeiras.

É importante destacar neste momento, que existem casos em que o juiz entendeu que os bancos respondiam pela ausência de proteção ao cliente.

O Banco Central diz que o banco deve analisar os casos de fraudes e os ressarcimentos nos mesmos moldes em que eles analisam as outras fraudes bancárias.

A Federação Brasileira dos Bancos afirma que cada instituição financeira tem sua política de análise e ela considera na avaliação tanto as evidências apresentadas pelos clientes, como as informações das transações.

É necessário para evitar as fraudes, que as instituições financeiras criem ferramentas de alerta nas operações de transferências de dinheiro do Pix e conscientizem os clientes sobre os perigos dos golpes digitais.

A apuração dos crimes digitais é feita pela polícia, por isso as vítimas devem fazer um boletim de ocorrência.

A investigação policial descobrirá os autores do golpe e pode recuperar o dinheiro.

O Pix está sendo usado nos golpes digitais, por causa da maior agilidade e disponibilidade oferecida em relação as transferências por DOC ou TED.

No DOC, o dinheiro cai na conta no dia útil seguinte e no TED é imediato com restrição de horário.

Como as transferências por DOC ou TED exigem o pagamento de uma taxa, este aspecto é uma barreira para a execução do golpe. O Pix é gratuito para pessoas físicas, por isto não existe a barreira do pagamento da taxa para fazer a transferência do dinheiro.

Meios de pagamento rápidos e práticos favorecem a atuação dos criminosos, por isso o Pix está sendo usado pelos criminosos no golpe do sequestro da conta do WhatsApp.

Como muitas vítimas dos golpes estão se arrependendo de ter aderido ao Pix, isto pode significar um grave problema para a plataforma no futuro.

Normalmente o banco que recebe uma denúncia de fraude, bloqueia a conta receptora e solicita esclarecimentos do titular da conta.

O ressarcimento dinheiro não é feito porque é um caso de segurança pública.

A agilidade do Pix está facilitando os crimes digitais, pois o banco não tem tempo para barrar transações suspeitas.

O golpe do sequestro da conta do WhatsApp é feito em duas etapas.

Na primeira é feito o sequestro da conta da vítima por engenharia social.

O golpista simula uma pesquisa ou atendimento para conquistar a confiança da vítima e receber o código enviado para o celular.

Com o código o golpista sequestra a conta do WhatsApp da vítima.

As iscas usadas pelos golpistas são pesquisas do ministério da saúde sobre a Covid-19, convites para festas, entrevistas de emprego etc.

A segunda etapa é o envio de mensagens para os contatos da vítima, pedindo por dinheiro.

Muitas vezes são usadas narrativas como: "Estou tentando finalizar o pagamento de uma conta, mas o aplicativo travou. Você pode fazer para mim?".
Neste caso o golpista envia a sua chave Pix e o valor do pagamento para o contato da vítima.

Várias pessoas responderam as pesquisas falsas do ministério da saúde e tiveram a sua conta de WhatsApp sequestrada.

Os criminosos mandam mensagens para quase os contatos seguindo uma ordem alfabética.

Em poucas horas eles pedem dinheiro para todos os contatos da vítima.

Para não cair no golpe do Pix, a primeira orientação é não transferir dinheiro sem conversar pessoalmente ou por telefone com a pessoa.

É um procedimento simples que evita problemas graves.

Sempre verifique os dados do destinatário antes de confirmar a transferência pelo Pix.

Como é comum que o pedido de transferência seja para terceiro para não despeitar suspeitas, então desconfie sempre de Pix feito em nome de um desconhecido.

É também importante que os contatos das vítimas denunciem a conta usada pelo golpista junto ao aplicativo de mensagens.

No caso de um pedido de dinheiro via Pix é recomendável que a pessoa ofereça fazer a transferência via TED ou DOC.

Com isto é preciso que o outro lado envie o CPF ou CNPJ da conta destino.

Em muitos casos este simples ato inibe a atuação dos criminosos.

O envio de dinheiro via TED ou DOC tem a vantagem de ser mais lento que o Pix e aumenta as chances de recuperação do dinheiro no caso de ser um golpe.

23. *Golpe do pré-cadastro para vacinação*

Fonte:

https://www1.folha.uol.com.br/equilibrioesaude/2021/01/e-falso-que-ministerio-da-saude-pre-cadastre-para-vacinacao-contra-covid-19-por-telefone-ou-sms.shtml, É falso que Ministério da Saúde pré-cadastre para vacinação contra Covid-19 por telefone ou SMS, acessado em 04/04/2021.

Foi revelado, em janeiro de 2021, que o ministério da saúde não está cadastrando as pessoas para vacinação contra a Covid-19.

O ministério da saúde não entrou em contato por telefone ou SMS com as pessoas sobre um cadastro para vacinação contra a Covid-19.

Os golpistas estão usando o golpe da vacinação contra a Covid-19 para enganar as pessoas e sequestrar a conta dos aplicativos de mensagens como o WhatsApp e Telegram.

Os criminosos ligam para as vítimas usando um falso questionário para ganhar a confiança das pessoas e fazer com que ela envie o código de acesso do aplicativo de mensagem que foi enviado via SMS.

A isca usada pelos golpistas é o agendamento de uma data para a vacinação.

O ministério da saúde afirmou que não faz agendando de datas para a vacinação contra a Covid-19, não entra em contato com os cidadãos via telefone e não envia códigos para o celular dos usuários do Sistema Único de Saúde.

Para não cair no golpe não forneça os seus dados.

Caso receba uma solicitação de cadastro denuncie para as autoridades competentes o número do telefone que fez a ligação.

Em uma outra versão do golpe da vacinação, a vítima recebe uma mensagem via SMS do ministério da saúde pedindo para que ela clique no link e confirme o código enviado para agendar a vacinação.

Quando a pessoa clica no link, ela permite que os golpistas acessem o seu aplicativo de mensagem.

Uma terceira versão do golpe da vacina, que está circulando nas redes sociais e nos aplicativos de mensagens é um texto falso sobre vacinação em São Paulo.

O texto falso cita indevidamente a rádio CBN e afirma na primeira fase serão vacinados os profissionais da Saúde, os indígenas, os quilombolas, os idosos com 60 anos ou mais, as pessoas com menos de 60 anos e as crianças.

O calendário divulgado pelo governo afirma que serão vacinados na primeira fase apenas os profissionais da saúde, os indígenas, os quilombolas e idosos.

A vacinação começa no dia 25 de janeiro e vai até o dia 28 de março.

O governo estima que vai vacinar na primeira fase com duas doses da vacina cerca de 9 milhões de paulistas até o dia 28 de março de 2021.

Golpe do falso bug no Pix

Fonte:

https://economia.uol.com.br/noticias/redacao/2021/01/19/ golpe-pix-nubank-duplo-deposito.htm, Golpe usa falso "bug" no Pix para convencer usuários a transferir dinheiro, acessão em 04/04/2021.

Foi revelado, em janeiro de 2021, que estão sendo compartilhadas mensagens falsas nas redes sociais e nos aplicativos de mensagens.

As mensagens falsas afirmam que é possível receber em o dobro o dinheiro enviado via transações com o Pix, pois existe uma falha no sistema.

O Pix é um sistema que permite a transferência gratuita e instantânea de dinheiro.

O sistema é uma alternativa ao TED e DOC que fazem transferências e cobram taxas.

No começo do ano de 2021 começaram a ser compartilhadas mensagens nas redes sociais e nos aplicativos de mensagens que afirmavam que existe um bug no sistema do Pix e se a pessoa enviar dinheiro para algumas chaves especificas ela vai receber o dinheiro em dobro de volta.

Estas mensagens fazem parte do golpe do Pix.

Na realidade, o dinheiro vai para a conta de golpistas.

A chave Pix é o endereço de uma conta.

No caso do golpe é o endereço da conta dos criminosos.

As chaves que funcionam para a devolução do dinheiro em dobro são as contas dos golpistas.

A vítima que cai no golpe do bug do Pix, envia dinheiro para a conta bancária dos golpistas.

Como a falha no sistema não existe, a pessoa envia o dinheiro e não recebe nada de volta.

Os criminosos publicaram nas redes sociais vídeos provando que o "bug" no sistema Pix é real.

Para mostrar a devolução em dobro do dinheiro, os golpistas fizeram duas transferências e gravaram apenas uma.

Os golpistas usam os métodos da engenharia social para manipular os sentimentos e as emoções das suas vítimas para fazer com que elas tenham um determinado comportamento ou realizem uma determinada ação.

Os criminosos usam mensagens e vídeos que são facilmente compartilháveis para dar veracidade ao golpe.

Não existe esta falha no sistema do Pix e nem no aplicativo.

Diversos testes foram realizados para verificar a veracidade das mensagens maliciosas e não foram constatadas falhas nas transações do sistema Pix.

O Banco Central informou que nenhum cliente foi lesado por falha no sistema operacional do Pix.

Fonte:

https://noticias.uol.com.br/saude/ultimas-noticias/estado/2021/01/19/governo-de-sp-alerta-para-falsas-plataformas-de-pre-cadastro-para-vacinacao.htm, Governo de SP alerta para falsas plataformas de pré-cadastro para vacinação, acessado em 04/04/2021.

Foi revelado, em janeiro de 2021, que o governo do estado de São Paulo alertou a população sobre os sites falsos de pré-cadastro para a vacinação contra a Covid-19.

O site oficial é o "Vacina Já" (https://vacinaja.sp.gov.br/, acessado em 04/04/2021). Tome muito cuidado com o endereço digitado, pois existe o site http://www.vacinaja.com.br/, acessado em 04/04/2021 (ele é considerado perigoso pelas empresas de segurança digital).
O site "Vacina Já" está hospedado no domínio do governo (.gov.br) e é o site verdadeiro para fazer o pré-cadastro.

O governo do estado de São Paulo criou uma equipe multidisciplinar para limitar a disseminação das notícias falsas que estão circulando nas redes sociais e nos aplicativos de mensagens.

A equipe apura e avalia os conteúdos publicados e divulga nos canais de comunicação do governo do Estado de São Paulo a versão correta do fato.

No caso das notícias publicadas sobre a pandemia do novo coronavírus, os cientistas estão sendo envolvidos porque existem fake news que são bem elaboradas.

O governo do estado de São Paulo lançou o site "Vacina Já" no dia 17 de janeiro de 2021 para agilizar o processo de vacinação contra a Covid-19.

Os cidadãos fazem um pré-cadastro com as suas informações pessoais antes de serem vacinados.

Milhares de pessoas já preencheram o formulário do pré-cadastro.

O pré cadastro não será utilizado para agendar a vacinação.

No entanto ele agiliza o processo de atendimento nos locais de vacinação.

O objetivo é reduzir o tempo do processo de vacinação e evitar as aglomerações.

Quem fez o pré-cadastro responde presencialmente apenas o questionário da vacinação.

A população pode acompanhar o processo de vacinação no site "Vacina Já".

As pessoas que caírem no golpe do "Vacina Já" vão dar informações pessoais valiosas para os criminosos.

Por isto eles devem denunciar os sites falsos para as autoridades competentes e fazer um boletim de ocorrência caso tenham preenchido o pré-cadastro de um site falso do "Vacina Já".

26. *Golpe das ligações recebidas do próprio número*

Fonte 1:

https://www.uol.com.br/tilt/noticias/redacao/2020/02/19/procon-sp-divulga-video-alertando-para-golpe-com-ligacoes-do-proprio-numero.htm, Procon-SP divulga vídeo alertando para golpe com ligações do próprio número, acessado em 04/04/2021.

Fonte 2:

Vídeo publicado pelo Procon-SP (https://youtu.be/F9CBjSXyZNU, acessado em 04/04/2021).

Foi revelado, em fevereiro de 2020, que o Procon-SP publicou um vídeo em que ele alerta sobre o golpe que utiliza o número do celular da vítima.

No vídeo o diretor executivo do Procon-SP falou sobre o crescimento de casos envolvendo o golpe.

As pessoas que estão recebendo ligações no seu celular do seu próprio número devem recusar a ligação ou não atender.

Os criminosos roubam os dados e informações da vítima em uma ligação de poucos segundos.

Com os dados roubados os criminosos sequestram a conta de WhatsApp da vítima e pedem dinheiro para os contatos da vítima.

27. *Golpe do material escolar*

Fonte:

https://www.uol.com.br/tilt/noticias/redacao/2020/01/31/
novo-golpe-no-whatsapp-envolve-bolsa-familia-e-pesca-1-
milhao-de-pessoas.htm, Novo golpe no WhatsApp envolve
Bolsa Família e "pesca" 1 milhão de pessoas, acessado em
04/04/2021.

Foi revelado, em janeiro de 2020, que o golpe do material escolar no WhatsApp prometia R$ 350 aos beneficiários do bolsa
família.

Os criminosos enviavam um link por meio do aplicativo de
mensagens.

Milhões de brasileiros acessaram o link fraudulento.

O golpe foi disseminado pelo WhatsApp em quatro versões.

Em cada versão foi usado um link diferente.
Quando a vítima clicava na mensagem falsa, ela recebia uma
pesquisa com três perguntas:

- Você tem o Bolsa Família?

- Você está com o seu cadastro em dia?

- Você possui cartão cidadão para sacar os benefícios?

Depois de responder a pesquisa, a vítima é informada que ela
tem direito ao benefício de R$ 350,00 para a compra do mate-
rial escolar dos filhos.

O golpista enviava esta informação em todos os casos.

Para receber o benefício, a vítima devia compartilhar o link recebido com os seus contatos do WhatsApp.

Para ganhar a confiança da sua vítima, o golpista publicava no link fraudulento diversos comentários falsos de contemplados pelos benefícios.
O criminoso também solicitava a permissão da vítima para enviar futuras notificações.

As notificações futuras eram na verdade novas versões do golpe.

Nas novas versões do golpe, a pessoa também era direcionada para uma página fraudulenta.

Os criminosos criam versões do golpe conforme o período do ano e situações específicas (festas, promoções de grandes marcas, situação socioeconômica etc.) para produzir uma versão personalizada do golpe.

O objetivo é viralizar a narrativa.

O começo do ano é sempre marcado pela volta as aulas e compra de material escolar.

Os golpistas usaram indevidamente o programa bolsa família para atrair a população de baixa renda que tem dificuldade para comprar o material escolar dos filhos para roubar as informações pessoais das suas vítimas.

Para não cair no golpe do material escolar e nas outras versões é muito importante que as pessoas só acessem os links compartilhados nos aplicativos de mensagens e redes sociais depois de verificar a sua veracidade.

Para verificar a veracidade das informações compartilhadas basta entrar no site oficial do programa, governo ou empresa.

Na maioria dos casos, as promoções, os brindes e os descontos são usados como isca para fisgar as informações pessoais das pessoas.

As soluções de segurança dos computadores e celulares podem

ser configuradas para fazer a detecção automática de phishing nos aplicativos de mensagens e nas redes sociais.

28. *Golpe da troca do cartão*

Fonte 1:

https://tudogolpe.blogosfera.uol.com.br/2020/01/29/video-mostra-como-e-o-golpe-da-troca-de-cartao-que-explode-no-carnaval/, Veja como é o golpe da troca de cartão, que explode no Carnaval, acessado em 04/04/2021.

Fonte 2:

Vídeo explicando como é o golpe da troca do cartão (https://video.uol/18HoN, acessado em 04/04/2021).

Foi revelado, em janeiro de 2020, que o golpe da troca do cartão faz muitas vítimas no carnaval e causa grandes prejuízos financeiros.

Os golpistas são rápidos, estrategistas e espertos.

Eles atuam disfarçados de vendedores e conversam bastante com os clientes.

Eles oferecem promoções, contam piadas e armam situações para distrair a sua vítima.

O golpista pede o cartão do cliente para colocar na maquininha e memoriza a senha digitada que foi digitada.

Embaixo da maquininha o golpista guarda um cartão idêntico ao do cliente.

Eles têm cartões falsos de várias cores, bancos e administradoras.

Normalmente são cartões que foram furtados das suas vítimas nos golpes anteriores.

Quando a transação é aprovada, o golpista entrega o recibo

junto com um cartão que estava escondido.

Com o cartão e a senha, o golpista limpa a conta corrente da sua vítima em pouco tempo.

Ele solicita todos os empréstimos que estão disponíveis e gasta o limite do cheque especial.

O golpista pega em poucos minutos todo o dinheiro disponível do cliente.

Para melhorar o nível de segurança financeira durante as festas, noitadas etc. é recomendável que as pessoas saiam de casa com um cartão com limite de crédito zero e não tenha nenhum tipo de crédito pré-aprovado (em geral imóvel ou veículo).

Sempre que receber o seu cartão do vendedor verifique se é o seu cartão. Confira se é o seu nome que está gravado no cartão.

Para facilitar a sua vida, antes de sair personalize o seu cartão com um adesivo bem chamativo no escuro.

A personalização facilita a identificação do cartão e inibe a ação do golpista.

Quando for digitar a sua senha, pegue a maquinha na sua mão e faça a digitação com a maquininha virada na sua direção.

Use o corpo para encobrir os números digitados.

Antes de aprovar, confira o valor da transação digitado pelo vendedor e olhe ao seu redor para ter certeza de que não está sendo observado.

Cadastre e mantenha atualizado o número do seu celular no banco e demais instituições financeiras para receber um SMS sobre cada uma das transações realizadas com o seu cartão.

Se perceber um débito de uma transação em que você não autorizou é porque uma outra pessoas está usando o seu cartão indevidamente.

Neste caso, cancele imediatamente o cartão.

No caso do cartão de crédito esconda o código de segurança com um adesivo antes de sair de casa.

Os golpistas estão tirando fotos do número do cartão de crédito e decorando os dígitos do código de segurança para fazer compras pela Internet.

Caso caia no golpe da troca do cartão procure lembrar qual era a maquininha que o golpista usou.

A cor e o formato dela ajudam na identificação.

Quando a vítima age rapidamente e liga para a administradora maquininha, a conta do golpista é bloqueada e neste caso é possível recuperar o dinheiro.

Após isto, solicite o cancelamento do cartão junto ao banco ou instituição financeira e faça um boletim de ocorrência.

Fonte:

https://www.uol.com.br/tilt/colunas/sexting/2021/01/21/crush-que-e-roubada-golpes-em-apps-de-namoro-mobilizam-ate-a-interpol.htm, Crush que é roubada: golpes em apps de namoro mobilizam até a Interpol, acessado em 04/04/2021.

Foi revelado, em janeiro de 2021, que a Interpol está investigando os golpes realizados nos apps de namoro e relacionamento.

Os criminosos estavam usando o Tinder para enganar as pessoas e aplicar golpes.

As pessoas que participam dos apps de relacionamento confiam nos seus interlocutores.

Os golpistas usaram os apps de namoro e salas de bate papo para a realização dos seus golpes.

Os golpistas criam perfis falsos e quando a vítima dá um match no perfil, ela passa a conversar com um golpista que finge ser o seu par perfeito.

Depois de algumas conversas, o golpista oferece para a sua vítima um negócio imperdível.

É um investimento com retorno elevado e seguro.

O golpista envia um link falso de uma corretora de grande credibilidade no mercado e diz que vai dar conselhos sobre investimentos de elevado retorno.

O site fraudulento é um clone do site verdadeiro.

A plataforma falsa permite que a vítima invista o seu dinheiro em ações, títulos do tesouro etc.

Na realidade tudo é uma simulação, pois na realidade, a vítima está autorizando o deposito de dinheiro na conta do golpista.

Os resultados publicados no site falso incentivam a vítima para fazer novos investimentos.

Quando o golpista fica satisfeito com o dinheiro do seu golpe, ele simplesmente desaparece do app de namoro e da vida da sua vítima e leva todo o dinheiro que foi depositado.

No ano de 2020 milhões de pessoas caíram no golpe do app de namoro.

O caso é tão grave que a unidade de crimes financeiros da Interpol recebeu informações sobre esse golpe.

As autoridades de segurança pública de todo o mundo recomendam que as pessoas sempre tenham cuidado com as questões relacionadas com dinheiro nos relacionamentos online.

O forte crescimento da quantidade de relacionamentos virtuais durante a pandemia exige que as pessoas tenham um nível maior de cuidado nas suas interações digitais.

As principais recomendações para não cair nos golpes nos apps de namoro são:

- Não envie dinheiro para as pessoas que pediram dinheiro

- Não acredite em investimentos de retorno muito mais elevado que os existentes no mercado. Não existe dinheiro fácil no mundo.

- Não acredite na veracidade das solicitações de dinheiro. Em geral elas são mentirosas.

- Verifique os links recebidos antes de clicar neles. Observe com cuidado as informações sobre o aplicativo da corretora, o nome do domínio da corretora, o endereço de e-mail da corretora. Pesquise sobre a corretora no google e compare o link recebido com o da corretora.

- Nunca digite informações pessoais e senhas em um link que você recebeu sem antes verificar a sua autenticidade.

- Sempre verifique a chave de criptografia do link recebido

- Nunca envie informações pessoais privadas para pessoas que conheceu online

Se você caiu no golpe do app de namoro, informe o seu banco o mais rapidamente possível.

Faça imediatamente um boletim de ocorrência.

Assim que possível, informe o caso para os administradores do app.

Existem situações em que é possível recuperar o dinheiro que foi enviado, por isto o envolvimento do banco e o boletim de ocorrência o mais rápido possível pode permitir o estorno da transação realizada sob falso pretexto.

30. *Golpe do carregador falso*

Fonte:

https://www.techtudo.com.br/noticias/2019/11/golpe-do-carregador-falso-vira-motivo-de-alerta-nos-estados-unidos.ghtml, Golpe do carregador falso vira motivo de alerta nos Estados Unidos, acessado em 04/04/2021.

Foi revelado, em novembro de 2019, que as portas USB podem ser utilizadas para roubar os dados dos celulares.

As autoridades alertaram em novembro de 2019 sobre o perigo de carregar a bateria do celular nos locais públicos.

As portas USB dos aeroportos, rodoviárias, hotéis, shoppings, ônibus etc. podem conter códigos maliciosos escondidos para infectar os smartphones durante o carregamento da bateria.

O golpe do carregador falso é usado pelos criminosos para infectar os celulares das vítimas.

Os carregadores USB estão instalados nos locais com grande fluxo de pessoas (shoppings, cafés, restaurantes, aeroportos, rodoviárias, lojas, metrôs etc.).

Os criminosos conseguem roubar as informações como dados pessoais e bancários armazenadas no celular da vítima em minutos após ele ser conectado em um carregador USB batizado.

Os golpistas conseguem com esta artimanha roubar as senhas, as informações pessoas e bancárias, fotos e fazer um backup completo do celular.

Para evitar cair no golpe do carregador USB, as pessoas devem usar carregadores públicos que tem uma tomada convencional.

As pessoas devem ligar o seu carregador na tomada e o celular no seu carregador.

Ou seja, é necessário andar com o carregador original do fabricante ou com um carregador portátil do tipo Power Bank.

Neste caso, o usuário, conecta o carregador do tipo Power Bank no carregador USB público.

Após o Power Bank estar totalmente carregado o usuário pode carregar o seu celular usando o carregador Power Bank.

31. Golpe da maquininha falsa

Fonte:

https://www.uol.com.br/tilt/noticias/redacao/2019/10/30/como-nao-cair-em-golpes-ao-pagar-o-ifood.htm, Fuja da máquina falsa; veja como não cair em golpes ao pagar o iFood, acessado em 04/04/2021.

Foi revelado, em outubro de 2019, que o iFood vem sendo usado pelos criminosos nos seus golpes.

Os golpistas usam tanto o golpe do falso cupom iFood enviado pelo WhatsApp, como o golpe da uma maquininha adulterada que mostra pagamentos corretos como erros.

A maquininha adulterada tem a aparência externa de uma maquininha original do iFood.

Ela comunica via rede sem fio com a maquininha do comparsa do criminoso.

Neste caso, o valor apresentado no visor da tela da maquininha falsa é um bem menor que o valor que está sendo processado na maquinha do comparsa do criminoso.

Uma outra versão do golpe, ocorre quando os criminosos quebram a tela da maquininha de pagamento para que o valor digitado não possa ser visto com clareza pela vítima.

O golpista diz que a maquininha caiu da no chão e quebrou o visor e ela não foi substituída.

O criminoso digita um valor bem maior que a compra na maquininha e a vítima não consegue ver por que a tela está com defeito.

A empresa iFood afirmou que vem desligando os envolvidos nos golpes usando o nome dela.

A empresa diz que sempre aciona as autoridades competentes para que elas investiguem os casos e que ela está ressarcindo os prejuízos dos clientes.

Para não cair no golpe da maquininha adulterada, maquininha com visor quebrado e cupom falso do iFood, nunca coloque o seu cartão e senha em uma maquininha suspeita, sempre que possível pague em dinheiro ou pelo aplicativo.

É bom evitar usar a maquininha do entregador, pois caso caia no azar de cruzar com um golpista é importante saber que a maquinha dele faz a cobrança colocando zeros a mais no valor digitado.

Nunca repita o pagamento feito em uma maquininha antes de verificar se recebeu um SMS da transação.

É muito importante que as pessoas ativem o envio de um SMS para cada transação realizada nas suas contas bancárias e nos seus cartões de crédito.

Muitos golpistas adulteram a maquininha para que apareçam mensagens de erros depois da digitação da senha pela vítima.

O cliente pensa que digitou uma senha errada e faz novas digitações.

Isto gera pagamentos em duplicidade ou triplicidade.

Repetindo, no caso de mensagem de erro após a digitação da senha confira o seu SMS antes de digitar novamente a senha,

Se apareceu na tela da maquininha um erro e você recebeu um SMS dizendo que a transação foi realizada então tenha a certeza de que está diante de um criminoso.

Nunca digite a sua senha em uma maquininha com a tela danificada.

Não corra riscos inúteis.
Recuse a entrega e informe o que ocorreu para o iFood e para o estabelecimento.

Seja detalhista em relação ao dano da maquininha informado.

O iFood e o estabelecimento comercial podem confirmar a realização da transação.

Só use maquininhas com a tela intacta e sempre verifique o valor de cobrança antes de digitar a sua senha.

Com a pandemia, as pessoas estão mais estressadas nos contatos pessoais e a pressa para encerrar o contato faz com que muitas vítimas esqueçam de conferir o valor que está na tela da maquininha.

Elas digitam a sua senha sem olhar o valor que foi digitado pelo entregador.

O iFood envia para os clientes que pagam na entrega uma mensagem para que eles verifiquem o valor do pagamento antes de digitar a sua senha.

Quem caiu nos golpes perpetrados pelos criminosos que usam o nome do iFood deve registrar o mais breve possível um boletim de ocorrência.

Em seguida ele deve enviar pelos canais de atendimento do app do iFood o boletim de ocorrência, o extrato bancário e o cupom fiscal.

Caso o pagamento tenha sido feito por cartão de crédito, a vítima deve enviar o cupom fiscal da compra para a operadora do cartão de crédito informando sobre a fraude e solicitar o cancelamento das cobranças indevidas.

Verifique junto ao banco ou operadora do cartão de crédito qual a empresa que administra a maquininha usada pelo golpista.

Entre em contato com ela, informe sobre a fraude ocorrida e solicite o bloqueio do valor do pagamento na conta do criminoso.

32. *Golpe do sequestro da conta do WhatsApp*

Fonte:

https://www.uol.com.br/tilt/noticias/redacao/2019/10/22/entenda-o-golpe-que-rouba-conta-de-whatsapp-sem-usar-virus.htm, Entenda o golpe que rouba conta de WhatsApp sem usar vírus, acessado em 04/04/2021.

Foi revelado, em outubro de 2019, que as pessoas estão recebendo mensagens ou ligações de falsos funcionários das plataformas de vendas (OLX, Mercado Livre etc.).

O criminoso usa o contato publicado nas plataformas de comércio online para sequestrar a conta de WhatsApp e pedir dinheiro para os contatos da vítima.

Existem diversas versões do golpe do sequestro da conta do WhatsApp.

Os golpistas pegam os números dos celulares nos anúncios publicados na internet e usam a engenharia social para sequestrar a conta do aplicativo de mensagem.

Após o sequestro, os golpistas fingem ser a vítima e pedem dinheiro para os contatos dela usando diversas narrativas.

As pessoas que publicaram anúncios nas plataformas de vendas dizem que poucos segundos depois da publicação receberam uma mensagem com o logotipo da plataforma de vendas solicitando a ativação do anúncio.

Para tal, o anunciante (no caso a vítima) deve enviar o código de confirmação que foi enviado por SMS para o falso funcionário.

O anunciante quer resolver logo o assunto, por isto fica ansioso e não lê o texto que veio junto com o código de seis dígitos recebido via SMS.

Ele simplesmente envia o código para o autor da mensagem falsa.

O código por SMS é o número de autenticação exigido pelo WhatsApp para concluir a instalação da conta do aplicativo de mensagem em um outro celular.

Poucos instantes depois da vítima enviar o código de autenticação para o golpista ela perde o acesso da conta no seu celular.

Neste momento, a vítima percebe que a sua conta do aplicativo de mensagem foi sequestrada.

Para recuperar a sua conta, a vítima deve enviar imediatamente um e-mail para o suporte da empresa do aplicativo de mensagens explicando o que ocorreu.

O golpista sabe que está correndo contra o tempo, e por isto ele finge ser a vítima e envia centenas de mensagens falsas para os contados da vítima.
Em todas as mensagens o criminoso detalha uma situação em que ele está passando por um grave problema e pede dinheiro.

O golpe é tão convincente que muitos dos contatos da vítima enviam dinheiro para o criminoso.

O golpista tem como principal alvo os familiares da vítima.

Na narrativa, o criminoso explica que precisa do dinheiro com urgência, pois precisa comprar um remédio para o seu pai, mãe, avô, avó, filho etc.

Muitas pessoas caíram no golpe do sequestro do WhatsApp no Brasil, porque as pessoas não leram a mensagem recebida por SMS.

A vítima respondia imediatamente a solicitação do golpista e enviava o código sem saber o que estava enviado.

As plataformas de vendas afirmam que a publicação de um

anúncio não exige que o vendedor forneça informações pessoais por telefone, aplicativos de mensagens, SMS, redes sociais etc.

As plataformas de vendas também afirmam que oferecem sistemas de mensagens dentro da plataforma para que os vendedores possam negociar com os compradores.

As plataformas recomendam que os dados de contato (e-mail, celular etc.) sejam ser informados apenas na concretização da transação realizada dentro da plataforma de venda.

A orientação das empresas é que as informações sobre os produtos ou serviços não sejam trocadas por e-mail ou por mensagens de aplicativos de mensagens.

Caso receba uma solicitação para enviar um código recebido por SMS desconfie do seu interlocutor.

Nunca compartilhe com desconhecidos códigos que recebeu por SMS.
As plataformas de comercio online, bancos, lojas, varejistas etc. não solicitam a instalação de programas nos equipamentos das pessoas.

Elas também não solicitam códigos que foram enviados por SMS ou informações sobre senhas ou documentos.

Caso receba um contato solicitando a instalação de programas, documentos ou códigos desconfie do seu interlocutor. É muito provável que ele seja um golpista.

A linguagem usada pelas empresas nos contatos com as pessoas é formal, clara e correta, logo os funcionários delas não usam gírias, frases informais e não cometem erros de português nas mensagens de texto.

Sempre que receber uma mensagem contendo gírias, frases informais e com erros gramaticais ligue o seu sinal de alerta. É provável que seja um golpe.

Para evitar o golpe do sequestro da conta do aplicativo de mensagens ative a verificação em duas etapas.

Caso esteja desatento e caia na lábia do golpista, o criminoso vai precisar tanto do código de verificação, como da senha de seis dígitos criada por você para sequestrar a sua conta.

Sempre que cair em um golpe, faça um boletim de ocorrência para que as autoridades competentes investiguem o caso e punam os culpados.

33. *Golpe dos entregadores de comida*

Fonte:

https://tudogolpe.blogosfera.uol.com.br/2019/10/01/ entregadores-de-comida-aplicam-o-golpe-do-delivery/, Entregadores de comida aplicam o golpe do delivery; saiba como se prevenir, acessado em 04/04/2021.

Foi revelado, em outubro de 2019, que a vítima pediu comida por aplicativo e recebeu uma mensagem de SMS dizendo que foi aprovada uma transação vinte vezes maior que o seu pedido.

Os golpistas estão atuando intensamente na internet, porque uma grande parte dos internautas brasileiros passaram a fazer as compras através de sites e aplicativos após o início da pandemia.

Muitos internautas pedem regularmente comida pela internet. Em geral os clientes pagam as refeições recebidas usando o seu cartão de crédito ou débito.

Em 2018, o faturamento do segmento de alimentação foi de quase 200 bilhões de reais e o setor de comida por aplicativo faturou mais de 10 bilhões de reais.

O golpe do delivery começa quando o cliente pede uma refeição usando um dos aplicativos de entrega de comida.

Quando o entregador entrega a comida, ele oferece para o cliente uma maquininha com o visor quebrado ou com arranhões que não permite a visualização do valor.

Para enganar a sua vítima, o entregador diz que sofreu um acidente na sua última entrega e a maquininha caiu no cão.

Os golpistas digitam na maquininha um valor muito superior ao acordado e a vítima que cai no golpe digita a sua senha sem verificar o valor que será debitado.

Em 2018, foram registrados e investigados centenas de casos do golpe do delivery.

Como a maquininha com o visor quebrado é do golpista e ele paga a conta do valor da compra com a maquininha do estabelecimento, então, o restaurante e a empresa do aplicativo acham que a entrega ocorreu dentro da normalidade.

Para não cair no golpe do delivery nunca digite a sua senha em uma maquinha danificada.

Não acredite em nada que for dito pelo entregador.

Se caiu no golpe é preciso ser rápido para recuperar o seu dinheiro.

Entre imediatamente em contato com o seu banco ou administradora de cartão de crédito e explique o que ocorreu e solicite o nome da empresa responsável pela maquininha utilizada pelo criminoso.

Entre em contato com esta empresa, explique que foi vítima de um golpe e solicite o bloqueio do valor na conta do golpista

Faça também um boletim de ocorrência e envie-o para a empresa da maquininha do golpista solicitando o estorno da transação.

Se fez o pagamento com cartão de crédito entre em contato com a operadora, explique o que ocorreu e envie o boletim de ocorrência e o cupom fiscal da compra, solicitando o estorno da transação por divergência do valor cobrado.

Também entre em contato com a empresa de delivery e explique o corrido.

A empresa pode ser judicialmente acionada, porque ela cadastrou do golpista como entregador.

A empresa de delivery deve eliminar do seu cadastro os entregadores que foram denunciados pelos clientes.

Esta ação dificulta a realização de novos golpes usando o nome da empresa.

É muito importante que os clientes escolham empresas que enviam as informações e fotos do entregador.

Com a foto, o cliente tem certeza de que o entregador na sua porta é o entregador que foi enviado pelo aplicativo.

Uma orientação que os clientes devem seguir com rigor, é que se ocorrer erro durante o processo de pagamento, ele deve conferir se a transação foi realizada antes de digitar novamente a senha.

O cliente só deve digitar a senha novamente se tiver certeza de que a primeira operação não foi realizada.

Para receber por SMS as transações realizadas, o cliente deve manter o seu cadastro atualizado na instituição financeira.

Em especial, o seu número seu celular precisa estar impecavelmente atualizado para que ele receba por SMS cada uma das transações realizadas.

Algumas operadoras de cartão de crédito e bancos disponibilizam um aplicativo em que o cliente pode bloquear ou desbloquear o seu cartão de crédito.

Neste caso, o usuário pode deixar o seu cartão normalmente bloqueado e só desbloquear quando for fazer uma compra.

Para garantir a sua segurança, da sua família e dos seus vizinhos, não permita que o entregador entre na sua casa ou condomínio.

Sempre é bom relembrar que o cliente não deve digitar a sua senha em uma maquininha danificada.

Se o dano no visor na maquinha impedir a clara visualização do valor digitado, simplesmente pegue o seu cartão e cancele a compra.

34. Golpe invasão do Facebook

Fonte:

https://noticias.uol.com.br/tecnologia/noticias/ redacao/2019/07/23/novo-golpe-une-invasao-do-facebook-e-pedido-de-dinheiro-no-whatsapp.htm, Novo golpe une invasão do Facebook e pedido de dinheiro no WhatsApp, acessado em 04/04/2021.

Foi revelado, em julho de 2019, que o roubo de senhas do Facebook permitiu o acesso aos contatos do WhatsApp.

A invasão ao perfil do Facebook permite que o criminoso tenha acesso aos dados pessoais da vítima e converse com os seus contatos.

Os criminosos usam as redes Wi-Fi para roubar as senhas dos usuários que conectam os seus equipamentos nestas redes.

Os golpistas roubam a senha do perfil do Facebook e usam a conta da vítima para conversar com os contatos dela e para pedir dinheiro.

Em diversos casos a senha foi obtida pelos criminosos por causa de algum vazamento de um banco de dados que continha login, senha e e-mails dos usuários das redes sociais.

Vários vazamentos são compartilhados e vendidos na internet.

Com a senha é possível invadir o Facebook e Messenger da vítima e trocar a senha original.

Como o Facebook permite o cadastro do número de telefone celular no perfil, o golpista consegue extrair os números de celular dos contatos da vítima e exportá-los para o WhatsApp.

A extração só é possível quando o usuário cadastra o seu celular no perfil.

O usuário consegue após o cadastro exportar para o WhatsApp os contatos dos seus amigos.

Como o Facebook registra o histórico de ligações telefônicas do celular do usuário, o golpista pode fazer o download do histórico quando o app do Facebook ou do Messenger está integrado com o telefone.

Em outras palavras, isto significa que o invasor pode usar as informações do histórico para obter uma parte dos contatos da vítima.

As conversas do Messenger da vítima permitem que os invasores acessem diversas informações.

Por exemplo, o novo número do celular de um contato da vítima.

Após trocar a senha, o invasor conversa com os contatos da vítima e cita nas mensagens as conversas mais recentes feitas no Facebook (Messenger e grupos fechados) para ganhar a confiança do interlocutor.

O golpista usa no perfil do WhatsApp uma foto da vítima publicada no Facebook e o nome dela. No entanto o número de telefone é diferente.

Durante a conversa via WhatsApp, o criminoso usa a narrativa de que ele precisa de dinheiro urgente.

Por exemplo para comprar um remédio para a mãe doente e pede um empréstimo.

A maior parte dos contatos da vítima acredita que estava falando com ela, pois a imagem e nome são dela.

É fácil perceber o golpe, pois vários criminosos cometem erros grosseiros de português nas mensagens trocadas. Por exemplo escrevem "fassam" ao invés de "façam".

A vítima quando percebe o que está acontecendo tenta trocar a sua senha no Facebook, mas não consegue porque o criminoso mudou a senha.

Como muitos golpistas conseguem realizar o SIM Swap que é o golpe em que ele transfere a linha telefônica para um chip SIM, então, eles sequestram o WhatsApp da vítima e pedem dinheiro para os contatos da vítima se passando por ela.

Para não cair no golpe do Facebook e outras redes sociais, é preciso proteger o seu login e senha:

- Nunca conecte os seus equipamentos em uma rede gratuita de Wi-Fi, pois os invasores estão presentes nestas redes observando as suas vítimas

- Nunca entre nos links recebidos por e-mail, SMS e WhatsApp

- Não acredite nas ofertas generosas de promoções das marcas. Sempre entre no site delas para verificar as promoções

- Não use senhas como nomes próprios, data de aniversário, palavras simples etc.

- Não use a mesma senha em diversas plataformas, pois o invasor vai testar outras redes sociais usando a mesma senha

- Em muitos casos são criadas páginas clones das redes sociais para roubar o login e a senha dos usuários, por isto mais uma vez destaco que nunca clique nos links enviados

A autenticação de dois fatores que não usa o envio de um SMS é bastante segura.

Caso seja vítima use senha de dois fatores com envio de código via SMS, o criminoso capaz de realizar o golpe do SIM Swap conseguirá acessar o seu perfil na rede social, pois ele receberá via SMS o código de acesso.

A solução de autenticação física de dois fatores ou via aplicativo autenticador é mais segura.

Se o seu perfil foi invadido, informe imediatamente a plataforma da rede social sobre a perda de acesso.

Neste caso troque imediatamente a senha de todas as suas outras redes sociais, e-mails etc.

Configure a verificação de segurança dos seus perfis.

É muito importante receber os alertas de login dos acessos na sua conta.

Também configure nos lugares em que for possível os seus contatos de confiança.

Eles são os amigos que você entra em contato caso precise de ajuda para recuperar o seu acesso na sua rede social.
É uma opção interessante caso esqueça a sua senha ou não consiga redefini-la por e-mail.

Sempre bloqueie os desconhecidos que insistem em fazer contato via WhatsApp.

35. *Golpe das fotos íntimas falsas*

Fonte:

https://tecnologia.uol.com.br/noticias/redacao/2018/10/24/recebeu-um-email-dizendo-que-vao-vazar-suas-fotos-intimas-e-golpe.htm, Recebeu um email dizendo que vão vazar suas fotos íntimas? É golpe, acessado em 04/04/2021.

Foi revelado, em outubro de 2018, que o termo sextortion é a junção das palavras sex e extortion.

O sextortion é um golpe bastante aplicado na internet.

Os golpistas chantageiam as vítimas exigindo pagamentos em criptomoedas.

Eles dizem que possuem vídeos e fotos íntimos da vítima. Em alguns casos falam que tem fotos e vídeos feitos durante a navegação em sites pornográficos.

Em geral os golpistas estão blefando, pois não tem tais as imagens.

Os criminosos fazem tantas ameaças que despertam o medo das vítimas.

Os criminosos induzem as suas vítimas para que elas enviem um pagamento em troca da privacidade.

O sextortion começa com um e-mail em que os criminosos afirmam que tem acesso as informações pessoais da vítima.

Os golpistas exigem um pagamento para não publicar o conteúdo íntimo da vítima.

O texto do e-mail do criminoso é feito para aterrorizar a vítima. O autor do e-mail é a própria vítima.

O criminoso procede desta forma para que a vítima acredite que a sua conta de e-mail foi invadida.

Na mensagem o criminoso diz que roubou a senha da conta de e-mail e a revela no texto.

Tudo é feito para intimidar a vítima.

O texto enviado pelo golpista é uma versão da seguinte mensagem:

Sou o hacker que invadiu a sua conta de e-mail há alguns meses, pois você digitou sua senha em um dos sites que eu interceptei.

A sua senha do (mostra o endereço do e-mail) era no momento da invasão: (mostra a senha).

Caso tenha mudando a sua senha o meu malware informa todas as atualizações feitas.

Não entre em contato comigo, pois eu enviei o e-mail usando a sua conta.

No e-mail eu enviei um código malicioso para o sistema operacional do seu equipamento e capturei todos os seus contatos (amigos, colegas e parentes) e o histórico completo da sua navegação na Internet (mostra os registros de navegação).

Eu instalei um Trojan que é um programa malicioso que libera o seu dispositivo para futuras invasões e estou te espionando há bastante tempo.

O texto da mensagem afirma que a vítima navegou em sites pornográficos e que o hacker salvou as telas acessadas e o golpista ameaça publicar as imagens visualizadas pela vítima.

Na maioria dos casos o criminoso está blefando.

O golpista finaliza a mensagem dizendo que ele quer um pagamento pelo silêncio dele.

Ele informa a quantia que deseja e diz que todas as informações da vítima serão destruídas automaticamente após o pagamento e o vírus será removido do sistema operacional do equipamento.

O criminoso informa que o prazo máximo para o pagamento é de 48 horas e caso ele não receba o dinheiro, então todos os contatos da vítima vão receber as fotos e vídeos.

No último parágrafo do e-mail, o criminoso recomenda que a vítima não digite a sua senha em sites inseguros.

Os golpistas usam o medo para intimidar as vítimas e fazer com que elas façam o pagamento.

Vale a pena repetir neste momento. A maioria destes e-mails é mentirosa.

A senha que aparece na mensagem pode ter sido obtida através de um roubo de dados.

Várias plataformas foram invadidas nos últimos anos.

É possível que o golpista tenha uma senha antiga da conta de e-mail da vítima sem ter invadido o seu equipamento.

Nunca pague pelo silencio do chantagista. O resultado é sempre horrível.

Use um bom antivírus para varrer os seus equipamentos e verificar se existem Trojans instalados nele.

Na maioria dos casos, as pessoas descobrem a mentira pelo resultado da varredura.

Fonte:

https://gizmodo.uol.com.br/golpe-filme-porno-internet/, Não caia nesse novo golpe que diz ter te filmado enquanto via filme pornô na internet, acessado em 04/04/2021.

Foi revelado, em julho de 2018, que apareceu uma nova versão do golpe de extorsão sexual.

Os criminosos enviam um e-mail para a sua vítima afirmando que eles conhecem a senha da vítima e que eles instalaram um malware no equipamento.

Eles também afirmam que gravaram um vídeo em que a vítima estava vendo conteúdo pornográfico e se masturbando.

O e-mail enviado pelos criminosos é uma versão do seguinte texto:

A sua senha é ("senha"). Eu instalei um malware em um site pornô e você navegou nele para se divertir.

Enquanto você estava assistindo ao vídeo pornográfico, o seu navegador agiu como um Remote Desktop (RDP) e o keylogger permitiu acessar a sua tela e câmera.

O meu malware, capturou todos os seus contatos do Messenger, Facebook e e-mail.

Eu gravei um vídeo em tela dividida.

Na primeira metade eu gravei o vídeo do que você estava vendo e na outra metade eu gravei a sua câmera.

US$ 1.400 é um preço justo para manter o caso em segredo.

Você deve fazer o pagamento em bitcoin para o endereço a seguir.

Endereço BTC:
1Dvd7Wb72JBTbAcfTrxSJCZZuf4tsT8V72

Respeite as maiúsculas e minúsculas do endereço (faça um copy e paste dele).

O pagamento deve ser feito em 24 horas.

Eu coloquei um pixel nesse e-mail, para saber se você leu. Comentário do autor: Para saber mais sobre o pixel espião acesse "O que é o 'pixel espião' usado em e-mails para obter informações pessoais", https://g1.globo.com/economia/tecnologia/noticia/2021/02/25/o-que-e-o-pixel-espiao-usado-em-e-mails-para-obter-informacoes-pessoais.ghtml, acessado em 04/04/2021.

Se o pagamento não for feito dentro do prazo, eu enviarei o vídeo para todos os seus contatos imediatamente.

Se quiser saber como vou agir, responda o e-mail com um "sim!" e eu enviarei o vídeo para cinco dos seus contatos.

A oferta não é negociável, por isto não perca tempo respondendo ao e-mail.

Para aterrorizar a sua vítima, o golpista envia no e-mail a senha que a vítima usa ou usava.

As senhas informadas nos e-mails são reais e foram vazadas em alguma violação de dados.

Apesar da senha ser real é pouco provável que o golpista tenha instalado um malware no computador da sua vítima.

É muito mais provável que o criminoso esteja mentindo.

O golpista está usando a engenharia social para fazer com a que a vítima acredite na narrativa contada.

Golpe do falso saldo do PIS

Fonte:

https://tecnologia.uol.com.br/noticias/redacao/2018/06/20/golpe-do-pis-no-whatsapp-atinge-mais-de-116-mil-pessoas-em-24-horas.htm, Mais de 116 mil pessoas caíram no golpe do saldo do PIS via WhatsApp. Acessado em 04/04/2021.

Foi revelado, em junho de 2018, o golpe do saldo do PIS.

O governo federal liberou no dia 18 de junho de 2018 o saque das cotas do fundo PIS/Pasep para trabalhadores com mais de 57 anos de idade.

Os criminosos enviaram para as vítimas links maliciosos ou notificações pelo navegador para que elas possam consultar o saldo a ser recebido.

Centenas de milhares de pessoas caíram no golpe.

Quando a vítima clicava no link enviado ou na mensagem, ela acessava uma página falsa que dizia que a Caixa Econômica Federal liberou o PIS para quem trabalhou entre 2005 à 2018 no valor de R$ 1.223,20.

Após a mensagem o usuário era questionado se ele trabalhou com carteira assinada entre 2005 a 2018, se ele estava registrado em 2018 e se ele tinha o cartão cidadão para realizar o saque do benefício.

Com qualquer resposta, a vítima era direcionada para uma página em que ela poderia realizar o saque após compartilhar a história para 30 contatos ou 30 grupos do WhatsApp.

Na última etapa da navegação, a vítima era direcionada para uma página falsa de comentários que mostrava as pessoas que conseguiram sacar o benefício.

A página era um ardil para convencer as vítimas de que outras pessoas fizeram o procedimento com sucesso.

O objetivo do golpe era coletar os dados das pessoas que possuíam o cartão cidadão para perpetrar novos golpes no futuro.

A estratégia usada para o compartilhamento do link malicioso viralizou o golpe e permitiu a sua rápida disseminação.

O envio de notificações para os smartphones das vítimas permitiu o crescimento exponencial do golpe e número de acessos foi de centenas de milhares.

Para não cair na lorota dos golpes digitais, nunca clique nos links das mensagens enviadas por desconhecidos e nunca preencha os formulários frutos da navegação destes links.

Ajude a acabar com os golpes digitais e alerte os seus conhecidos sobre os links recebidos.

Para verificar a veracidade de um link recebido use as com ferramentas disponibilizadas pelo Google.

Fonte:

https://economia.uol.com.br/empregos-e-carreiras/noticias/
redacao/2018/04/26/ofertas-falsas-de-emprego-golpe-da-
piramide-vaga-trabalho-agencia.htm, Grupo é acusado de dar
golpe e cobrar por falso emprego; saiba se proteger, acessado em
04/04/2021.

Foi revelado, em abril de 2018, que uma empresa foi denunciada
por oferecer falsas ofertas de emprego.

A empresa cobrou cinquenta reais por um curso feito pelos candidatos e pediu que eles indicassem 50 pessoas para adquirir
este curso.

A empresa que criou a pirâmide do falso emprego foi denunciada no dia 19 de abril de 2018 pelo Ministério Público do Rio de
Janeiro.

Os candidatos pagaram R$ 50 pelo treinamento e trabalharam
por alguns meses sem receber.

Os candidatos tinham que chamar outras pessoas para participar do esquema.

No encerramento do contrato de experiência os candidatos
eram demitidos sem receber o salário.

O golpe da pirâmide do emprego fez mais de 2 mil vítimas.

O golpe rendeu 8 mil reais por dia para os criminosos.

Para não cair no golpe da pirâmide do falso emprego, nunca
aceite um emprego em que que a empresa cobre de antemão alguma taxa de treinamento.

Nunca aceite um emprego em que você tenha que trabalhar de

graça por um período antes de ser contratado em definitivo.
A lei trabalhista brasileira não permite situações em que o candidato tenha que trazer clientes para a empresa antes de ser contratado.

Os contratos temporários ou por experiência exigem que a carteira de trabalho seja assinada assim que o trabalho começar.

Nos contratos temporários ou por experiencia, a empresa pode demitir sem pagar a indenização.

Antes de aceitar uma proposta de trabalho o candidato deve pesquisar sobre a empresa e verificar se não existem processos trabalhistas ou criminais contra ela.

Sempre verifique se a empresa tem uma sede física e tem CNPJ.

Sempre verifique e analise as queixas dos candidatos e antigos funcionários.

Fonte:

https://www.techtudo.com.br/noticias/2020/10/cadastro-do-pix-e-isca-de-sites-falsos-para-roubar-dados.ghtml, Cadastro do Pix é isca de sites falsos para roubar dados, acessado em 04/04/2021.

Foi revelado, em outubro de 2020, que o golpe do cadastro falso do Pix começou a ser aplicado após a liberação pelo Banco Central do cadastro da chave do Pix em 05 de outubro de 2020.

Os criminosos estão aplicando o golpe do cadastro falso do Pix usando a técnica de phishing.

O objetivo dos criminosos é roubar os dados pessoais das suas vítimas.

Foram criados diversos domínios falsos com o termo "pix" para aplicar o golpe.
O golpista envia um link via redes sociais, SMS ou e-mail oferecendo o cadastro no PIX.

Quando a vítima entra no link ela é redirecionada para um domínio falso que faz o download e instalação do malware no seu equipamento.

O software malicioso permite que o criminoso acesse remotamente o equipamento da vítima e colete as informações das credenciais do banco e respectivas senhas.

Na segunda versão do golpe, os criminosos enviam uma mensagem com um link oferecendo o cadastro no Pix.

O link redireciona o usuário para uma página muito parecida com o site oficial do banco.

A vítima que caiu no golpe acredita que está no site do banco e digita a sua conta, senha e token para fazer login no sistema e se cadastrar no PIX.

Os criminosos capturam as informações digitadas e limpam o saldo da conta da vítima fazendo transferências e pagamentos fraudulentos.

Se o seu token é um token dinâmico gerado por um chaveirinho, então a sua solução de segurança é bem melhor.

Mesmo que os criminosos capturem a sua conta, senha e token você ainda estará seguro, pois o código do token digitado perde a validade em poucos segundos.

Neste caso, é bem mais difícil os criminosos conseguirem limpar a sua conta.

Não dê sopa para o azar, mesmo que o seu caso seja de usuário de token dinâmico gerado por chaveirinho mude a sua senha o mais rápido possível após perceber que caiu no golpe do PIX.

Na terceira versão do golpe os criminosos usam a técnica de phishing usando o Pix como isca.
Os golpistas capturam os dados pessoais das suas vítimas e fazem o cadastro no PIX.

Após o cadastro fraudulento, os golpistas aplicam golpes em outras vítimas usando o novo sistema de pagamentos.

Para não cair no golpe do PIX, a principal recomendação é a mesma de sempre.

Nunca clique nos links enviados via rede social, SMS e e-mail por desconhecidos.

Não acredite em remetentes que dizem ser funcionários do seu banco.

O melhor caminho para fazer o cadastro no Pix é entrar no aplicativo oficial do seu banco e procurar o canal para fazer o cadastro no PIX.

Digite sempre o endereço do seu banco no navegador.
Não use redirecionadores de endereços como o Google para acessar a sua conta bancária.

Use apenas o aplicativo oficial da loja do sistema Android e Apple para acessar a sua conta.

Sempre entre em contato com o seu banco antes de realizar um procedimento enviado via rede social, SMS e e-mail.

Use sempre nos seus equipamentos um aplicativo de segurança que detecte em tempo real um golpe de phishing e bloqueie automaticamente os domínios.

40.   *Golpe do boleto corrompido*

Fonte:

http://www1.folha.uol.com.br/mercado/2014/07/1479569-gangue-do-boleto-infectou-192-mil-computadores-detectam-fbi-e-pf.shtml, 'Gangue do boleto' infectou 192 mil computadores, detectam FBI e PF, acessado em 04/04/2021.

Foi revelado, em julho de 2014, que a Polícia Federal e o FBI descobriram uma fraude de centenas de milhares de boletos corrompidos.

Diversas instituições bancárias de vários países foram impactadas pela fraude.

A quadrilha do boleto corrompido operava dos Estados Unidos e se conectava aos computadores através de um malware.

Os computadores infectados eram monitorados remotamente. Cada vez que o código de um boleto era digitado ou identificado, os criminosos capturavam o processamento do computador e desviavam o endereço de pagamento para as suas contas.

Entre os meses de fevereiro e maio de 2014, foram localizados quase meio milhão de boletos nos servidores da quadrilha nos EUA.

O valor total dos boletos era de aproximadamente quatro bilhões dólares.

Os criminosos enviaram por e-mail o malware conhecido como Bolware para os internautas da América Latina.

A maioria dos computadores infectados estava localizada no Brasil.

As mensagens enviadas eram sobre cobranças falsas ou fotos

infectadas.

Os e-mails enviados transportavam o Bolware para o equipamento das suas vítimas.
Quando a pessoa clicava nos arquivos anexos, ela autorizava a instalação do malware.

Quase 200 mil computadores foram infectados com o Bolware.

O vírus não invadia a conta bancária da vítima e nem o sistema de geração de boletos das lojas.

A fraude ocorria durante a transmissão dos dados.

Toda vez que o malware percebia que um código de barras estava sendo digitado ele trocava o endereço do pagamento (número da conta corrente original) pelo endereço da quadrilha (número da conta corrente dos criminosos).

A vítima não percebia o golpe, porque o Bolware escondia a alteração até a confirmação do pagamento.

Apenas após a confirmação do pagamento é que aparecia na tela do computador o real número da conta corrente destino.

Neste momento, não era mais possível cancelar o pagamento.

Como os bancos checam os dados dos boletos impressos apenas depois da transferência do valor o golpe era perpetrado com sucesso.

Como a checagem dos boletos eletrônicos ocorre antes da transferência do valor, então neste caso o golpe não era bem sucedido.

Os boletos gerados pelas lojas e plataformas de comercio online também foram afetados pelo vírus.

O malware capturava o boleto antes da sua exibição na tela do cliente e o enviava para o computador da quadrilha nos Estados Unidos.

No quartel general dos criminosos nos Estados Unidos, o boleto era adulterado e enviado para o computador da vítima no Brasil.

O consumidor não percebia que era um boleto adulterado e fazia o pagamento.

Os boletos representavam em 2013 cerca de 5% do volume total de pagamentos realizados no Brasil.

Bibliografia

https://www1.folha.uol.com.br/colunas/ronaldolemos/2021/01/o-vazamento-de-dados-do-fim-do-mundo.shtml?
utm_source=mail&utm_medium=social&utm_campaign=compmail&origin=folha, O vazamento de dados do fim do mundo, acessado em 04/04/2021

https://agora.folha.uol.com.br/grana/2020/07/golpistas-usam-pandemia-para-obter-numero-do-beneficio-do-inss.shtml, Golpistas usam pandemia para obter número do benefício do INSS,
acessado em 04/03/2021

https://www1.folha.uol.com.br/mercado/2021/02/tentativas-de-fraudes-crescem-536-em-2020-aponta-estudo.shtml?
utm_source=mail&utm_medium=social&utm_campaign=compmail&origin=folha, Tentativas de fraudes crescem 53,6% em 2020, aponta estudo, acessado em 04/04/2021

https://www1.folha.uol.com.br/tec/2021/01/vazamento-pode-ter-exposto-na-internet-220-milhoes-de-dados-pessoais-de-brasileiros.shtml?
utm_source=mail&utm_medium=social&utm_campaign=compmail, Vazamento pode ter exposto na internet 220 milhões de dados pessoais de brasileiros, acessado em 04/04/2021

https://www.securityreport.com.br/overview/brasil-segue-na-lideranca-no-numero-de-dados-expostos-de-cartoes/, Brasil segue na liderança no número de dados expostos de cartões, acessado em 04/04/2021 https://www1.folha.uol.com.br/tec/2021/02/hackers-miram-empresas-de-vacinas-e-saude-na-pandemia.shtml, Hackers miram vacinas, setor da saúde e param hospitais na pandemia. Em alta, sequestros digitais geram lucros milionários a cibercriminosos, acessado em 04/04/2021

https://www.uol.com.br/tilt/noticias/redacao/2020/12/11/como-funciona-golpe-do-whatsapp-que-usa-filha-de-marcelo-adnet-como-isca.htm, Como funciona golpe do WhatsApp que usa filha de Marcelo Adnet como isca, acessado em 04/04/2021

https://www.uol.com.br/tilt/noticias/redacao/2020/12/03/entenda-o-golpe-que-usa-nome-do-ministerio-da-saude-para-invadir-o-whatsapp.htm, Pesquisa sobre Covid-19 vira isca para criminosos invadirem seu WhatsApp, acessado em 04/04/2021

https://www1.folha.uol.com.br/colunas/painelsa/2020/02/golpe-de-festa-vip-para-clonar-whatsapp-de-famoso-avanca-diz-empresa-de-seguranca-virtual.shtml?origin=folha, Golpe de festa VIP para clonar WhatsApp de famoso avança, diz empresa de segurança virtual, acessado em 04/04/2021

https://tvefamosos.uol.com.br/noticias/redacao/2020/02/15/scooby-denuncia-golpe-estao-clonando-contatos-e-convidando-em-meu-nome.htm, Scooby denuncia golpe: "Estão clonando contatos e convidando em meu nome", acessado em 04/04/2021

https://www.uol.com.br/tilt/noticias/redacao/2019/11/12/golpe-do-tenho-video-intimo-seu-ja-lucrou-mais-de-r-400-mil-nao-caia.htm, Golpe do "tenho vídeo íntimo seu" já lucrou R$ 400 mil; veja como não cair, acessado em 04/04/2021

https://haveibeenpwned.com/, ';--have i been pwned?, acessado em 04/04/2021

https://tecnologia.uol.com.br/noticias/redacao/2018/02/06/whatsapp-e-ferramenta-favorita-de-hackers-para-aplicar-golpes-no-brasil.htm, WhatsApp vira ferramenta favorita de hackers para aplicar golpes no Brasil, acessado em 04/04/2021

http://cio.com.br/gestao/2018/02/06/como-combater-sete-das-tecnicas-de-engenharia-social-mais-eficientes/, Como combater sete das técnicas de engenharia social mais eficientes, acessado em 04/04/2021.

https://portal.febraban.org.br/noticia/3582/pt-br, FEBRABAN dá dicas de como fazer as compras de Natal sem cair em golpes virtuais, acessado em 04/04/2021

https://gizmodo.uol.com.br/golpe-usa-boleto-falso-do-iptu-como-isca-para-roubar-dinheiro-de-paulistanos/, Golpe usa boleto falso do IPTU como isca para roubar dinheiro de paulistanos, acessado em 04/04/2021

www.2viaiptu.com.br, o site foi removido, acessado em 04/04/2021

https://iptu.prefeitura.sp.gov.br/, Impressão da 2ª Via Simplificada do IPTU, acessado em 04/04/2021

https://economia.uol.com.br/colunas/tudo-golpe/2020/08/12/golpe-do-delivery-cresce-durante-a-pandemia-saiba-como-os-criminosos-atuam.htm, Golpe do delivery cresce durante a pandemia; saiba como os criminosos atuam, acessado em 04/04/2021

https://economia.uol.com.br/colunas/tudo-golpe/2020/06/02/criminosos-usam-fotos-de-redes-sociais-para-aplicar-golpes-no-whatsapp.htm, Criminosos usam fotos de redes sociais para aplicar golpes no WhatsApp, acessado em 04/04/2021

https://www.uol.com.br/tilt/noticias/redacao/2020/02/06/bandidos-criam-telemarketing-do-golpe-para-invadir-whatsapp-saiba-evitar.htm, Bandidos criam 'telemarketing do golpe'; entenda de vez invasão ao WhatsApp, acessado em 04/04/2021

https://www.uol.com.br/nossa/noticias/redacao/2020/11/17/golpe-com-perfil-falso-atinge-hoteis-restaurantes-e-clientes-como-evitar.htm, Como não cair no golpe dos perfis falsos de hotéis e restaurantes, acessado em 04/04/2021

https://economia.uol.com.br/noticias/redacao/2020/11/26/dicas-contra-golpes-alugar-casas-temporada-praia.htm, Achou uma casa na praia por um terço do aluguel? Cuidado, pode ser golpe, acessado em 04/04/2021.

https://tudogolpe.blogosfera.uol.com.br/2019/10/23/mais-um-golpe-contra-os-aposentados/, Mais um golpe contra os aposentados, acessado em 04/04/2021

https://www.gov.br/pt-br/servicos/solicitar-peculio, Solicitar Pecúlio, acessado em 04/04/2021

https://www1.folha.uol.com.br/colunas/marciadessen/2019/10/golpes-envolvem-o-nome-do-bc.shtml, Golpes envolvem o nome do BC, acessado em 04/04/2021

https://economia.uol.com.br/noticias/redacao/2021/02/05/golpe-de-falso-leilao-gera-prejuizo-de-r-55-mil-vereador-perde-r-17-mil.htm, Golpe de falso leilão gera prejuízo de até R$ 55 mil; vereador foi vítima, acessado em 04/04/2021

https://www.bcb.gov.br/acessoinformacao/perguntasfrequentes-respostas/faq_golpe, Alerta contra golpes envolvendo o nome do Banco Central e de instituições financeiras, acessado em 04/04/2021

http://www1.folha.uol.com.br/mercado/2014/09/1508845-saiba-como-evitar-golpe-em-caixa-eletronico.shtml, Saiba como evitar golpe em caixa eletrônico, acessado em 04/04/2021

https://tvefamosos.uol.com.br/noticias/redacao/2020/10/11/adnet-e-vitima-de-golpe-no-whatsapp-registrarei-boletim-de-ocorrencia.htm, Adnet é vítima de golpe no WhatsApp: 'Registrarei boletim de ocorrência', acessado em 04/04/2021

https://www.uol.com.br/tilt/noticias/redacao/2020/05/28/golpe-finge-ser-datafolha-para-clonar-whatsapp-veja-como-se-proteger.htm, Golpe finge ser Datafolha para clonar WhatsApp; veja como se proteger, acessado em 04/04/2021

https://economia.uol.com.br/noticias/redacao/2020/02/14/golpe-cartao-maquininha-celular-no-carnaval-dicas-para-evitar.htm, Troca de cartão, valor errado, app do banco: evite golpes durante Carnaval, acessado em 04/04/2021
https://economia.uol.com.br/noticias/redacao/2021/01/15/golpe-pix-whatsapp-fraude.htm, Golpe do WhatsApp entra na era Pix e fica mais difícil recuperar o dinheiro, acessado em 04/04/2021

https://www1.folha.uol.com.br/equilibrioesaude/2021/01/e-falso-que-ministerio-da-saude-pre-cadastre-para-vacinacao-contra-covid-19-por-telefone-ou-sms.shtml, É falso que Ministério da Saúde pré-cadastre para vacinação contra Covid-19 por telefone ou SMS, acessado em 04/04/2021

https://noticias.uol.com.br/saude/ultimas-noticias/estado/2021/01/19/governo-de-sp-alerta-para-falsas-plataformas-de-pre-cadastro-para-vacinacao.htm, Governo de SP alerta para falsas plataformas de pré-cadastro para vacinação, acessado em 04/04/2021

https://vacinaja.sp.gov.br/, "Vacina Já", acessado em 04/04/2021

http://www.vacinaja.com.br/, site considerado perigoso pelas empresas de segurança digital, não acesse, acessado em 04/04/2021

https://www.uol.com.br/tilt/noticias/redacao/2020/02/19/procon-sp-divulga-video-alertando-para-golpe-com-ligacoes-do-proprio-numero.htm, Procon-SP divulga vídeo alertando para golpe com ligações do próprio número, acessado em 04/04/2021.

https://youtu.be/F9CBjSXyZNU, Vídeo publicado pelo Procon-SP, acessado em 04/04/2021

https://www.uol.com.br/tilt/noticias/redacao/2020/01/31/novo-golpe-no-whatsapp-envolve-bolsa-familia-e-pesca-1-milhao-de-pessoas.htm, Novo golpe no WhatsApp envolve Bolsa Família e "pesca" 1 milhão de pessoas, acessado em 04/04/2021

https://tudogolpe.blogosfera.uol.com.br/2020/01/29/video-mostra-como-e-o-golpe-da-troca-de-cartao-que-explode-no-carnaval/, Veja como é o golpe da troca de cartão, que explode no Carnaval, acessado em 04/04/2021

https://video.uol/18HoN, Vídeo explicando como é o golpe da troca do cartão, acessado em 04/04/2021

https://www.uol.com.br/tilt/colunas/sexting/2021/01/21/crush-que-e-roubada-golpes-em-apps-de-namoro-mobilizam-ate-a-interpol.htm, Crush que é roubada: golpes em apps de namoro mobilizam até a Interpol, acessado em 04/04/2021.

https://www.techtudo.com.br/noticias/2019/11/golpe-do-carregador-falso-vira-motivo-de-alerta-nos-estados-unidos.ghtml, Golpe do carregador falso vira motivo de alerta nos Estados Unidos, acessado em 04/04/2021.

https://www.uol.com.br/tilt/noticias/redacao/2019/10/30/como-nao-cair-em-golpes-ao-pagar-o-ifood.htm, Fuja da máquina falsa; veja como não cair em golpes ao pagar o iFood, acessado em 04/04/2021.

https://www.uol.com.br/tilt/noticias/redacao/2019/10/22/entenda-o-golpe-que-rouba-conta-de-whatsapp-sem-usar-virus.htm, Entenda o golpe que rouba conta de WhatsApp sem usar vírus, acessado em 04/04/2021.

https://tudogolpe.blogosfera.uol.com.br/2019/10/01/ entregadores-de-comida-aplicam-o-golpe-do-delivery/, Entregadores de comida aplicam o golpe do delivery; saiba como se prevenir, acessado em 04/04/2021.

https://noticias.uol.com.br/tecnologia/noticias/ redacao/2019/07/23/novo-golpe-une-invasao-do-facebook-e-pedido-de-dinheiro-no-whatsapp.htm, Novo golpe une invasão do Facebook e pedido de dinheiro no WhatsApp, acessado em 04/04/2021.

https://tecnologia.uol.com.br/noticias/redacao/2018/10/24/ recebeu-um-email-dizendo-que-vao-vazar-suas-fotos-intimas-e-golpe.htm, Recebeu um email dizendo que vão vazar suas fotos íntimas? É golpe, acessado em 04/04/2021.

https://gizmodo.uol.com.br/golpe-filme-porno-internet/, Não caia nesse novo golpe que diz ter te filmado enquanto via filme pornô na internet, acessado em 04/04/2021.

O que é o 'pixel espião' usado em e-mails para obter informações pessoais", https://g1.globo.com/economia/tecnologia/ noticia/2021/02/25/o-que-e-o-pixel-espiao-usado-em-e-mails-para-obter-informacoes-pessoais.ghtml, acessado em 04/04/2021.

https://tecnologia.uol.com.br/noticias/redacao/2018/06/20/ golpe-do-pis-no-whatsapp-atinge-mais-de-116-mil-pessoas-em-24-horas.htm, Mais de 116 mil pessoas caíram no golpe do saldo do PIS via WhatsApp. Acessado em 04/04/2021.

https://economia.uol.com.br/empregos-e-carreiras/noticias/ redacao/2018/04/26/ofertas-falsas-de-emprego-golpe-da-piramide-vaga-trabalho-agencia.htm, Grupo é acusado de dar golpe e cobrar por falso emprego; saiba se proteger, acessado em 04/04/2021.

https://www.techtudo.com.br/noticias/2020/10/cadastro-do-pix-e-isca-de-sites-falsos-para-roubar-dados.ghtml, Cadastro do Pix é isca de sites falsos para roubar dados, acessado em 04/04/2021.

http://www1.folha.uol.com.br/mercado/2014/07/1479569-gangue-do-boleto-infectou-192-mil-computadores-detectam-fbi-e-pf.shtml, 'Gangue do boleto' infectou 192 mil computadores, detectam FBI e PF, acessado em 04/04/2021.

www.ingramcontent.com/pod-product-compliance
Lightning Source LLC
Chambersburg PA
CBHW071250050326
40690CB00011B/2338